UNIVERSITÉ DE MONTPELLIER — FACULTÉ DE DROIT

LA
DÉTENTION PRÉVENTIVE

THÈSE

POUR LE DOCTORAT ÈS-SCIENCES JURIDIQUES

PAR

Louis GELY

AVOCAT PRÈS LA COUR D'APPEL

MONTPELLIER

IMPRIMERIE FIRMIN, MONTANE et SICARDI

Rue Ferdinand-Fabre et quai du Verdanson

1910

THÈSE

POUR LE DOCTORAT ES-SCIENCES JURIDIQUES

LA

DÉTENTION PRÉVENTIVE

THÈSE

POUR LE DOCTORAT ÈS-SCIENCES JURIDIQUES

PAR

Louis GELY

AVOCAT PRÈS LA COUR D'APPEL

MONTPELLIER

IMPRIMERIE FIRMIN, MONTANE ET SICARDI

Rue Ferdinand-Fabre et quai du Verdanson

1910

UNIVERSITÉ DE MONTPELLIER

FACULTÉ DE DROIT

MM. **Vigié**, Doyen, professeur de Droit civil, chargé du cours d'Enregistrement.

Brémond, Assesseur, professeur de Droit administratif.

Glaize, professeur honoraire.

Laborde, professeur de Droit criminel, chargé du cours de Législation et Economie industrielles.

Charmont, professeur de Droit civil.

Chausse, professeur de Droit romain.

Valéry, professeur de Droit commercial, chargé du cours de Droit international privé.

Perreau, professeur de Procédure civile.

Margat, professeur de Droit civil.

Moye, professeur de Droit international public.

Rist, professeur d'Economie politique.

Barthélemy, agrégé, chargé du cours de Droit constitutionnel

Giffard, agrégé, chargé du cours d'Histoire générale du Droit.

Morin, agrégé, chargé du cours de Droit Civil approfondi.

Bridrey, agrégé, chargé du cours de Droit romain.

Nogaro, agrégé, chargé du cours d'Économie politique.

Rochette, secrétaire.

MEMBRES DU JURY :

MM. **Laborde**, *président.*

Moye,

Giffard,

} *assesseurs.*

LA
DÉTENTION PRÉVENTIVE

CONSIDÉRATIONS PHILOSOPHIQUES SUR LA DÉTENTION PRÉVENTIVE

1. La question de la détention préventive a toujours passionné les penseurs de tous les temps ; car, au-dessus de la justice sociale, il existe la Justice, au sens absolu du mot, et la pensée constante du législateur doit être de rendre la première conforme à la seconde ; mais l'homme n'est pas parfait, sans quoi il serait Dieu, et il n'a pu résoudre le problème que par des à peu près. Dans cette thèse, après avoir suivi, dans une introduction historique, les efforts constants faits depuis que la question s'est posée, nous étudierons le résultat auquel on est arrivé, le régime actuellement en vigueur ; enfin, nous envisagerons l'éventualité d'une réforme prochaine, un projet de loi ayant été soumis au Parlement, ainsi que les modifications proposées à ce sujet.

2. Deux questions principales se sont toujours posées à la base de toute discussion sur la déten-

tion préventive : Cette détention est-elle légitime ?
Et si on l'admet, quels caractères doit-elle avoir ?

3. La détention préventive consiste à emprisonner un individu qui n'est pas encore condamné,
qui ne le sera peut-être pas, si la preuve de sa
culpabilité n'est pas établie ; l'individu est emprisonné sur un simple soupçon. Aussi la légitimité
de cet emprisonnement a-t-elle toujours été très
contestée ; de tout temps, on a admis que l'homme sur qui ne pesaient que des soupçons ne pouvait encore être considéré comme coupable et qu'il
était injuste de lui faire subir une peine anticipée ;
c'est pour cela que le droit romain n'admit tout
d'abord la détention préventive que s'il y avait
flagrant délit ou aveu de l'inculpé ; dans ces deux
cas, en effet, quoique les apparences soient parfois trompeuses, la culpabilité de l'inculpé est à
peu près certaine. Dans toutes les autres hypothèses, si un individu était arrêté, il avait le droit
d'être laissé en liberté provisoire, quelle que fût
la gravité du crime dont il était accusé. Depuis le
droit romain, des flots d'encre ont coulé, mais on
est encore obligé de reconnaître que l'inculpé doit
être considéré comme innocent tant qu'il n'a pas
été déclaré coupable et que, par conséquent, la
détention préventive est absolument injustifiable
en droit.

4. Pourtant elle a été admise, et elle se justifie
en fait par son utilité. Mais il ne faut pas aller
jusqu'à l'exagération. A Rome, la détention préventive commença à être d'un usage courant

quand la procédure par enquête eut été mise en
vigueur. Elle fut, au début, ce qu'elle n'aurait jamais dû cesser d'être, une simple mesure d'instruction, destinée à mettre l'accusé à la disposition du magistrat instructeur ; le résultat était
une plus grande rapidité dans l'enquête et une
proportion plus faible des crimes impunis, car le
coupable ainsi arrêté ne pouvait échapper à la
justice. Mais à l'époque despotique du bas empire,
la détention préventive prit un autre caractère
beaucoup plus grave : on a toujours admis que
celui qui émet une prétention doit la prouver ;
l'accusateur devait donc prouver la culpabilité de
l'inculpé ; longtemps on a soutenu que la meilleure preuve était un aveu et que tout pouvait
être mis en œuvre pour l'obtenir. On a alors utilisé dans ce sens la détention préventive ; on a
inventé la torture, qui a arraché à de nombreux
inculpés l'aveu de crimes qu'ils n'avaient pas commis. Et même à l'époque d'Alexandre Sévère, la
torture fut employée contre les témoins, quand les
juges ne trouvaient pas leurs dépositions satis-
faisantes.

5. En France, la même évolution se retrou-
vera : depuis l'époque barbare où la conception
même de la détention préventive aurait paru mons-
trueuse, jusqu'à nos lois actuelles qui tendent de
plus en plus à respecter la liberté individuelle,
nous remarquons que les lois qui se sont succédé
en la matière, après avoir été d'abord très libérales, ont admis la détention préventive à titre de

mesure d'instruction, puis ont aggravé la situation des détenus au moyen de tortures dont la description fait frémir les moins sensibles. Mais les philosophes des XVIIe et XVIIIe siècles émettront à ce sujet des idées plus en harmonie avec la civilisation, avec la dignité humaine ; la Révolution, après avoir aboli la torture, prendra pour modèle les prescriptions extrêmement libérales de la législation anglaise ; de nombreuses lois se succèderont à de brefs intervalles et ne rétabliront jamais le régime antérieur. La détention préventive sera toujours considérée comme une simple mesure d'instruction ; on se rendra compte que c'est un pis aller, un mal nécessaire. Aussi, des mesures seront-elles prises pour que la liberté provisoire soit largement accordée ; et quand elle ne pourra l'être, on fera au moins une différence entre les condamnés et les inculpés détenus préventivement : ceux-ci jouiront d'un régime plus doux qui sera réglé par des lois spéciales.

6. C'est dans ce sens qu'a été conçue la législation actuelle ; mais on sent très bien qu'il reste encore quelque chose à faire. L'inculpé jusqu'à ce qu'il soit condamné, est présumé innocent ; il est illogique de le soumettre à la détention préventive, et les efforts du législateur tendent à une application toujours plus restreinte de cette mesure. Car si la détention préventive est une nécessité sociale, il ne faut pas oublier que c'est un mal, et tout doit être tenté pour en atténuer les conséquences fâcheuses.

INTRODUCTION HISTORIQUE

7. UTILITÉ D'UNE ÉTUDE HISTORIQUE. — Au début de cette étude, il est utile de remonter assez haut dans l'histoire du droit, pour voir quelle a été l'évolution de la détention préventive. Ce n'est, en effet, qu'après de nombreuses transformations, que cette institution a revêtu en 1865 la forme qu'elle a gardée jusqu'à ces dernières années ; maintenant encore, de nouvelles modifications ont été jugées nécessaires, et probablement le dernier mot ne sera pas dit de longtemps sur ce sujet. Aussi est-il intéressant de retracer d'abord la vie de cette institution avant d'exposer et d'apprécier le système actuellement en vigueur. Pour cela, il est naturel de commencer par l'examen de la question en droit romain ; Rome fut le berceau de la science juridique, c'est donc dans ses lois que nous devons chercher la source des dispositions qui font l'objet de nos codes.

8. LA DÉTENTION PRÉVENTIVE DANS LE DROIT ROMAIN. — La détention préventive, en effet, n'est pas quelque chose de nouveau : il résulte de nombreux passages des auteurs latins, notamment de

Tite-Live, qu'elle était connue dans les premiers
temps de Rome, à l'époque où c'était le peuple
entier, réuni dans les Comices, qui rendait la justice. Mais il est bon de remarquer que, dès l'apparition de la détention préventive, on connut à côté
d'elle la mise en liberté provisoire sous caution ;
ce n'était que dans deux cas, quand il y avait flagrant délit ou aveu de l'inculpé, que celui-ci était
mis en état de détention préventive ; ceci nous paraît prouver clairement que la liberté provisoire
est basée sur cette idée que l'inculpé est présumé
innocent tant qu'il n'a pas été condamné, puisque
ceux dont le crime est indubitable sont emprisonnés. Dans tous les autres cas, la mise en liberté
provisoire n'est pas une faveur, mais un droit
pour l'inculpé, ce qui nous explique pourquoi la loi
des XII Tables l'admettait, quelle que fût la gravité du crime, et même quand la peine encourue
était la peine capitale. Mais l'inculpé ainsi laissé
libre prêtait serment de se présenter au jour fixé
pour le jugement ; si alors il faisait défaut, il
était jugé quand même, sauf s'il faisait valoir une
excuse, et, dans ce cas, on lui accordait un délai.

9. Tant que ce fut le peuple tout entier qui
rendit les jugements, il ne fit guère que condamner ou absoudre ; mais bientôt il délégua ses pouvoirs aux « quœstiones perpetuæ », qui étaient
nommés pour un an. Ces quœstiones perpetuæ
sont la base et l'origine du jury, qui jouera dans
la suite un si grand rôle, c'est pour cela qu'il
nous a paru bon de les mentionner ; de plus, à

cette époque, nous voyons apparaître une troisiè
me sorte de sentence, le plus amplement informé,
que le jury rendait quand il ne se trouvait pas
suffisamment éclairé. Le jugement était ainsi renvoyé à une séance ultérieure.

10. Mais dans ce cas comme dans tous les autres, la liberté provisoire était de droit pour l'inculpé, et il fallait bien qu'il en fût ainsi : puisque
l'accusateur avait toute liberté pour accumuler ses
preuves, il était juste de laisser à l'accusé toute
latitude pour rassembler les éléments utiles à sa
défense, et pour surveiller les agissements de son
accusateur ; de plus, nous l'avons vu, les Romains
présumaient innocent l'inculpé non encore condamné, aussi M. Flamand nous paraît-il avoir quelque peu dépassé sa pensée, quand il dit : « L'accusé restait presque toujours libre, et cependant...
il ne cherchait pas à fuir. *C'est que*, pour les Romains, il n'y avait pas de châtiment plus terrible
que l'exil. La patrie n'était pas seulement une
abstraction, c'était un ensemble de divinités loca-
les avec un culte de chaque jour et des croyances
puissantes sur l'âme. C'était bien autre chose pour
lui qu'un lieu de résidence où le rattachaient simplement des liens d'affection, une situation sociale. Partout ailleurs que dans sa patrie, le Romain était en dehors de la vie régulière et du
droit. Dès qu'il avait franchi les limites sacrées du
territoire, il ne trouvait plus pour lui ni religion,
ni foyer. Frappé de l'interdiction de l'eau et du
feu, il n'avait plus de propriété, plus de culte,

plus de famille. De telles idées sur la patrie rete-
naient l'accusé à Rome *et rendaient inutiles les
mesures de précaution.* » (1)

Nous ne contestons certes pas que les Romains
aient eu de la patrie une idée aussi élevée ; mais
nous croyons que si la liberté provisoire était un
droit reconnu à l'inculpé, ce n'est pas parce que
les mesures de précaution étaient rendues inutiles
par cette conception de la patrie romaine ; c'est
plutôt pour les deux raisons que nous indiquions
plus haut, et aussi parce que, la procédure par enquête n'étant pas encore pratiquée, il n'était pas
nécessaire que l'inculpé fût continuellement à la
disposition du magistrat instructeur, puisque celui-ci n'existait pas.

11. Aussi, sous l'Empire, quand cette manière
de procéder eut été mise en vigueur, vit-on la détention préventive prendre une extension beaucoup plus considérable. A cette époque, le magistrat instructeur était investi d'un pouvoir discré-
tionnaire ; pourtant l'inculpé n'était emprisonné
que si on ne pouvait faire autrement, car on considérait cet emprisonnement comme une peine anticipée que l'on faisait subir à un individu non
encore déclaré coupable : « ... *verum hanc ipsam
carceris pœnam ante supplicium...* » (2) De plus,

––––––––––––

(1) Flamand. De la procédure criminelle en droit
romain. De la détention préventive et de la liberté provisoire en droit français. Thèse, Paris 1877, p. 70.
(2) Loi 3 Dig., de *custodia reorum.*

et c'est une conséquence de la loi précédente, pour que cette mesure fût prise, il fallait que la culpabilité de l'inculpé fût, pour ainsi dire, certaine : «... *Si confessus fuerit reus, donec de eo pronuncietur in vincula publica conjiciendus est...* » (1)

12. L'inculpé mis en état de prison préventive pouvait être placé sous un régime différent suivant les circonstances : «... *utrum in carcerem recipienda sit personna, an militi tradenda, vel fidejussoribus committenda, vel sibi.* » (2) S'il était laissé en liberté sur parole, il prêtait serment de se présenter au jour fixé pour le jugement.

Quand il y avait des fidéjusseurs, ceux-ci étaient condamnés à une amende si l'accusé ne se rendait pas devant le tribunal au jour dit ; quand c'était un gardien qui était chargé de la surveillance, celle-ci pouvait être très large ou très sévère : on pouvait aller jusqu'à attacher l'un à l'autre, au moyen d'une chaîne, inculpé et gardien.

13. Quant aux prisons, elles ont toujours été des lieux où les gens étaient fort maltraités, et les prescriptions édictées par les empereurs pour améliorer le sort des détenus, n'ont presque jamais été suivies : des lois ont essayé d'alléger les fers trop lourds imposés aux prisonniers, de leur accorder de l'air et du jour, et d'éviter la corruption des geôliers, par les accusateurs ; ces lois

---

(1) Loi 5. Dig., *loc. cit.*
(2) Loi 1. Dig., *loc. cit.*

prouvent tout au moins que ces abus existaient, et quand nous trouverons, aux XVI°, XVII° et XVIII° siècles, les critiques soulevées par le régime des prisons françaises, nous nous apercevrons une fois de plus qu'il n'y a rien de nouveau sous le soleil.

14. Quant à la torture proprement dite, elle ne fut appliquée d'abord qu'aux esclaves, et encore pas dans tous les cas ; puis, cette situation fut aggravée par Tibère, pour atteindre son apogée, s'il est permis d'employer ici cette expression, sous Alexandre Sévère, qui soumit à la torture les hommes libres, non seulement quand ils étaient interrogés comme accusés, mais encore quand ils figuraient dans l'instance comme témoins.

15. En résumé, le droit romain nous a appris que la détention préventive existait du temps de la république, mais que la liberté provisoire avait été créée à côté et constituait un droit pour le prévenu. Et quand, sous l'Empire, la procédure par enquête eut remplacé la procédure par accusation, le magistrat enquêteur, qui avait à ce point de vue un pouvoir absolu, considérait encore la liberté provisoire comme la mesure normale et ne recourait à la détention préventive que lorsqu'elle était indispensable.

16. LA DÉTENTION PRÉVENTIVE DANS LE DROIT FRANÇAIS. — Cette évolution, nous la retrouvons dans le droit français : en France, la procédure criminelle a parcouru, en effet, des étapes analogues,

depuis l'extrême simplicité qu'elle revêtait chez les peuplades germaniques, jusqu'à la procédure par enquête, introduite dans les tribunaux laïques par imitation des pratiques de l'Inquisition (1) ; de plus, le droit romain lui-même a eu sur le droit français une influence considérable ; mais celle-ci ne s'est manifestée que peu à peu ; aussi, ne peut-on préciser pour cela aucune date.

17. Les peuples barbares qui habitaient la Gaule avant la conquête romaine, avaient pour la liberté un amour farouche, et la détention préventive ne pouvait exister chez eux. L'accusé se présentait libre et armé devant le tribunal, et personne, sauf les prêtres, n'avait le droit de le toucher ; et encore, les prêtres n'étaient-ils pas investis de ce pouvoir par le souverain, mais parce qu'ils représentaient les dieux : « *Ceterum neque animadvertere, neque vincire, ne verberare quidem, nisi sacerdotibus permissum, non quasi in pœnam, nec ducis jussu, sed velut deo imperante.* » (2)

18. Cette forme de comparution, qui n'est plus de mise de nos jours (3), était pourtant toute naturelle à l'époque où le duel judiciaire remplaçait l'enquête : l'accusé était prêt au combat qui devait lui donner raison ou tort. Il était simplement cité

---

(1) La procédure par enquête avait été empruntée par les cours d'église aux juridictions royales. Voy. infrà n° 37.

(2) Tacite, *La Germanie*, chap. VII.

(3) Quand un militaire comparaît devant le tribunal, même devant un conseil de guerre, il est sans armes.

à comparaître, à un jour fixé, devant le tribunal ; s'il ne se présentait pas, on lançait encore contre lui trois assignations dans le délai de quarante jours. Si, au bout de ce temps-là, il ne s'était pas encore présenté, il était jugé, placé hors la loi, et quiconque pouvait l'arrêter ou même le tuer.

19. On a prétendu que, « quelle que fût la gravité de l'accusation, le prévenu *restait* en liberté en présentant des cautions » (1). D'après ce texte, la liberté provisoire aurait été un droit pour l'inculpé ; il nous semble qu'une opinion moins absolue serait plus acceptable. Les récidivistes ne pouvaient obtenir la liberté provisoire, et les inculpés qui n'avaient pu fournir caution étaient confiés à la garde des gens du Comes : « *Si fidejussores habere non potuerit, a ministris comitis custodietur et ad mallum perducatur.* » (2) Mais, même en écartant ces deux cas, il semble que la liberté sous caution n'était que facultative : « *Lorsque l'accusé était détenu,* il n'y a pas lieu d'examiner dans quelles formes on devait l'assigner... Mais un ingénu *pouvait* obtenir sa liberté en donnant caution de se présenter devant le tribunal compétent ; c'est ce qui résulte des formules XXVII et XXXVII du livre premier de Marculfe, et du témoignage de Grégoire de Tours... *D'ailleurs, l'arrestation préventive n'avait lieu que*

---

(1) Flamand, op. cit., n° 2, p. 2.
(2) Baluzius, *Capitularia regum Francorum*, t. II, chap. III, p. 229.

dans des cas rares ; il fallait donc ajourner l'accusé. » (1) Il ressort de ces quelques lignes que l'arrestation préventive était parfois pratiquée. Quoi qu'il en soit, la liberté provisoire sous caution était connue et très largement accordée. Un capitulaire de Louis le Débonnaire dispense même de fournir caution ceux qui ont du bien au soleil : « Si liber homo de furto accusatus fuerit, et res proprias habuerit, in mallo ad præsentiam comitis se adrhamiat. Et si res non habet, fidejussores donet qui eum adrhamire et in placitum adduci faciant... » (2) Evidemment, le mot *res* employé dans ce capitulaire, à l'époque où la fortune mobilière était insignifiante, désigne des immeubles.

20. L'accusé se présentait donc libre devant le tribunal ; là une enquête sommaire était faite, et si une preuve éclatante n'était pas fournie, l'accusé était soumis aux ordalies : épreuves du feu, de l'eau, de la croix, le plus souvent duel judiciaire. Mais quelques esprits éclairés se rendirent compte bien vite que le droit n'était pas toujours au même côté que la force, et cherchèrent à supprimer les ordalies ; puisque c'était le clergé qui monopolisait pour ainsi dire la science, les nobles considérant comme un honneur de ne savoir signer, il est tout naturel que ce soit l'Eglise qui ait

-----

(1) Pardessus, Loi salique. Dissertation dixième, p. 608.
(2) Baluzius, op. cit., t. I. Chap. XXIX, p. 782.

pris l'initiative de ce mouvement : elle réprouva ces moyens de preuve qu'elle avait d'abord admis aux époques de fanatisme ; seul, le duel judiciaire persista jusqu'en 1260. A cette époque, Saint-Louis, qui revenait de Palestine après la mort de Blanche de Castille, rendit de nombreuses ordonnances sur l'organisation intérieure du royaume ; l'une d'elles abolit le duel judiciaire ; citons encore celle qui créa une commission judiciaire composée de légistes et de jurisconsultes, et dans laquelle il faut voir l'origine du Parlement.

21. Sans nous attarder dans une longue digression sur l'organisation judiciaire en France, disons simplement que les seigneurs rendaient la justice chacun sur son domaine, et voyons de suite quelle était la procédure généralement suivie.

22. Tout d'abord, la justice semble avoir été un droit des justiciables, droit que ceux-ci pouvaient exercer : la vengeance privée survit dans cette conception, mais au lieu de s'exercer elle-même, elle prend un intermédiaire ; les seigneurs agissaient simplement comme des protecteurs ; ils se bornaient à rendre la justice quand on le leur demandait. Il fallait qu'il y ait un accusateur ; les parties étaient alors citées à comparaître à un jour déterminé. Avec ce système, la prison préventive n'existait pas, le juge ne retirant de sa fonction aucune autorité particulière sur les parties en cause.

23. Peu à peu, l'on admit que l'on pouvait arrêter sans accusateur ceux qui étaient soupçonnés

de meurtre, et l'on invoquait cette raison que le sang versé demande vengeance : « le meurtrier puit bien estre pris sans plaintif, quand il a l'ome tué, quar le sanc se plaint ». (1) Mais si le seigneur avait ainsi le droit de s'emparer d'un meurtrier présumé, il n'avait encore pas le droit de le juger sans accusateur ; il ne pouvait que le tenir enfermé dans sa prison à la disposition d'un accusateur possible, et même rechercher lui-même cet accusateur : « Le segnor doit faire querre celui à qui l'on met sus le meurtre, s'il est son home, et prendre le, et metre le en sa prison. » (2) La prison préventive est dès lors introduite dans le droit français.

24. Nous pouvons voir, dans les Coustumes du Beauvoisis, comment se déroulait cette procédure : « Cix qui sunt pris et emprisoné por cas de crieme contre les quix nus ne se fet partie, ne li fes n'est trouvés notoires par quoi on les doie justicier : combien, selonc nostre coustume, on les doit tenir emprisonnés. Noz disons que de tant de tans comme ils ont, quant on les apele par nostre coustume, avant qu'il doivent estre bani tant de tans on les doit tenir en prison avant qu'il soient delivré du fet, par jugement ; et ce entendons noz es apiax que li gentil home ont, quar il est dis que li hons de poeste n'est apelés que par trois

---

(1) *Compilatio de usibus Andegaviæ*, § 7.
(2) Jean d'Ibelin, chap. 85.

quinzaines, en prevosté, et puis à une assize de quarante jors au mains. Et s'il ne vient à cele assize, il doit estre banis. Et li gentix hons avecques les trois quinzaines de prevosté, il doit estre apelés à trois assizes, dont cascunne contiengne quarante jors au mains. Or poés doneques veir, quant on tient home emprisonné, si comme dit est, soit gentix ou hons de poeste, on doit crier par trois quinzaines en prévosté, et après par trois assizes dont cascunne contiengne quarante jors au mains : « nos tenons tel home en prison, et por le sous- » pechon de tel cas », et doit-on dire le cas, « s'il » est nus qui li sache que demander, noz sommes » apareillé de fere droit. » Et quant tout cil cri sunt fet, et nus ne vient avant qui droitement se voille fere partie, et li juges, de s'office, ne pot trouver le fet notoire, li emprisonnés doit estre delivrés par jugement, ne l'en pot nus puis la delivrance accuser. » (1)

25. Ce qui frappe dans ce passage, c'est que nous y trouvons la liberté provisoire : en effet, quel est le temps pendant lequel, d'après Beaumanoir, l'inculpé sera gardé en prison ? « tant de tans comme ils ont quant on les apele par nostre coustume. » C'est le temps pendant lequel un accusé resté libre est appelé à comparaître. Quand l'inculpé est emprisonné préventivement, le sei-

---

gneur doit le faire savoir au public ; il doit faire
publier son nom et le fait dont il est soupçonné,
et déclarer que si quelque accusateur se présente,
la justice est prête à l'entendre. Si au bout du
temps prescrit, personne ne s'est présenté, et
si le fait n'est pas « notoire », un jugement doit
intervenir et prononcer la délivrance du détenu.
Après quoi, personne ne peut plus se porter accusateur.

26. On voit dans cette institution le but poursuivi par les jurisconsultes du moyen-âge : ils
voulaient seulement que l'accusé sur qui pesaient
de graves présomptions fût à la disposition immédiate de la justice au cas où un accusateur se pré-
senterait, et que les parents ou amis de la victime
fussent incités à se porter accusateurs, car l'action publique ne pouvait s'exercer que si « le fet
estoit notoire » et beaucoup de crimes seraient
ainsi demeurés impunis.

27. Mais il pouvait arriver que le seigneur, par
abus ou négligence, gardât les détenus plus longtemps que ne le permettait la coutume. Beaumanoir nous donne un exemple assez piquant d'un
fait de ce genre : « Nos tenions un home por
souspechon, emprisoné, por le cause d'une ochi-
sion, et le tenisme tant de tans comme il est dit
dessus, et feismes crier en le manière qui est dite ;
et après ce que tuit li cri furent fet et les quarantaines passées, partie se traist avant et l'acusa
droitement de tel fet ; et li emprisonés mit en se
deffense, qu'il avoit esté tant tenus en prison et

tant de fois l'avoit-on crié que coustume l'aportoit,
ne en tel cas nus ne s'estoit fet, partie contre li :
porquoi il requeroit se delivrance par jugement,
come on venist trop tart à li acuser. A ce respondi
li acuseres, qu'il y venoit assés à tans, puisque
sa delivrance n'estoit pas encore fete par jugement ; et sor ce se mirent en droit. Il fu jugié que
li acuseres venoit assés à tans, puisqu'il trouvoit
celui qu'il accusoit en main de le justiche, avant
que la delivrance lui fust fete par jugement. Mes
se li jugement de la délivrance fust fes, li acuseres venist à tart, mais porce qu'il vinrent avant,
li gage furent rechut. Et par cel jugement pot on
veir le peril qui pot estre en estre tenus en prison plus que coustume ne porte. Et pequié fet li
juge qui ne haste le jugement de la délivrance
quant il ont tant esté tenus en prison comme il est
dit dessus, et il ne trueve le fet notoire ne nullui
qui se face partie dedans le tans dessus dit. » (1)

28. Voilà donc un homme mis en prison préventive ; les publications sont faites, personne ne
se présente en temps voulu, mais le prisonnier est
oublié dans son cachot ; plus tard, un accusateur
paraît ; il est décidé qu'il est arrivé à temps parce
que le prévenu est encore à la disposition de la
justice.

29. Cet exemple prouve que la coutume, qui
avait fixé un délai pour garantir dans une cer-

---

(1) Beaumanoir, op. cit., chap. XXX, § 91.

taine mesure la liberté individuelle, ne voulait pas laisser aux criminels une chance de plus d'échapper à un châtiment mérité ; l'accusation était donc possible tant que le prévenu se trouvait en fait sous la main de la justice. Mais on ne voulait pas, par cette détention, empêcher le prévenu de se défendre ; tant qu'il était en prison, « on li doit fere en tele manière c'on doit nommer toz les tesmoins à qui on enquiert, si que s'il y a nul des tesmoins souspeçonneus, il les puist debouter de lor tesmognage par les resons qui sunt dites el capitre des proeves. » (1)

30. Ainsi la détention préventive jouait un rôle considérable ; mais on connaissait aussi la liberté provisoire sous le nom de récréance : « ... l'en le doit recroire à plège (mettre en liberté sous caution) cors por cors. Et cette récréance durra trois quarantaines... » (2)

31. Contrairement aux usages antiques, la liberté provisoire n'était pas toujours accordée : « En toutes prises, queles elles soient, *excepté les cas de crieme, des quix on pot perdre vie ou membre*, se li fes n'est conneus ou proves, doit estre fete recreance, quant cil le requiert sor qui le prise fu fete (3). Mes es cas de crieme, ne doit pas estre fete ceste recreance, fors en l'un des cas :

______

(1) Beaumanoir, op. cit., chap. XL, § 14.

(2) Livre de Jostice et de Plet, XIX, § 12.

(3) Comp. avec la liberté provisoire de droit, *et non de plein droit*, de l'art. 113, § 2, C. i. c.

si comme quant gage sont doné de vilain cas, de partie contre autre : en cel cas, se les parties se poent ostager par bons plèges, recreance leur doit estre fete por qu'il se puissent porveir d'aler avant, selonc ce que li cas le désire. » (1)

32. Ainsi la récréance pouvait être accordée toutes les fois qu'il ne s'agissait pas d'un crime pour lequel le coupable pût « perdre vie ou membre » ; et c'était celui qui avait fait l'objet de la prise qui devait la demander. Celui qui était mis en liberté provisoire devait fournir bons plèges, mais ceux-ci, tant qu'ils n'étaient pas tenus « cors por cors et avoir pour avoir » ne pouvaient être condamnés, si le prévenu ne revenait pas, qu'à cent sous et un denier d'amende, et non à des peines corporelles. Aussi Beaumanoir nous signale deux périls auxquels s'exposent ceux qui accordent trop facilement la récréance : « Et se li home font recreance en cas de crieme, là u elle n'apartiengne pas à fere, ils sé mettent en peril, et est li uns des perix graindres que li autres ; car se cil qui fu recreus s'en va sans revenir au jor, comme cil qui n'oze atendre droit, cil qui fist sa recreance pert se justice, ne ce ne l'escuse pas qu'il en prist pleges. Car li pleges ne poent pas recevoir mort por lor plegerie ; mes ce peust li malfeteres, se recreance ne li eust pas esté fete. Li secons perix qui est as homes quant il font re-

____

(1) Beaumanoir, op. cit., chap. LIII, § 4.

creance el cas là u elle n'apartient pas, si est que
se li quens set qu'il aient trop large prison pour
le recreance, il les pot prendre sans rendre cort ne
connissance à celi qui le recreance fist. Mais ne-
porquant, en tel cas, ne pert pas le hons se justice,
mais il pert le connissance et le vengeance du mef-
fet. Et en telle manière porroit-il fere le recreance qu'il perdroit se justice, si comme il estoit
coustumiers de fere tex recreances, ou s'il fesoit
le recreance sor le deffense du segneur, car le de-
sobeissance avec le fole recreance lor tornent en da-
mace de lor justiche. » (1)

33. Par conséquent, dans le cas de crime grave,
la récréance ne pouvait être accordée par le seigneur, sous peine de se voir enlever la connaissance du crime au profit du justicier supérieur, et
même parfois de perdre totalement son droit de
justice ; mais ceci dans deux cas seulement : s'il
était coutumier du fait, ou s'il avait accordé la
récréance malgré la défense de son suzerain.

34. Pourtant, il était des cas où, même en présence d'un crime pouvant emporter perte de vie
ou de membre, la récréance pouvait être accordée :
l'accusation privée n'avait pas disparu, quoique
les seigneurs rendissent souvent la justice d'office ; elle aboutissait le plus souvent au duel judiciaire, tant que celui-ci ne fut pas supprimé ; dans
ce cas, pour que les parties eussent des chances

(1) Beaumanoir, op. cit , chap LVIII, § 18.

égales dans la rencontre, on commençait par les garder toutes deux en prison préventive, et comme il fallait que les combattants pussent se préparer, on les mettait en liberté provisoire, à charge de bailler caution ; mais alors il fallait les libérer toutes les deux. Le Grand Coutumier de Normandie dit que l'on peut aussi confier les parties à la garde de personnes sûres : « si peut bailler l'une et l'autre en vifve prison si leur plaist, pourtant que l'en les baille féalement à bons gardes qui les rendront morts ou vifs au jour de la bataille, appareillez de la bataille faire, s'ils sont vifs. »

35. La détention préventive existait donc dans le droit féodal : le seigneur pouvait emprisonner tel ou tel sur un simple soupçon ; cette détention durait normalement l'an et jour, mais pouvait se terminer plus tôt par la condamnation du coupable ou par son acquittement. En outre, on connaissait, sous le nom de récréance, la mise en liberté provisoire qui était accordée dans certaines conditions, et pour des délits en général peu graves.

36. C'était la procédure accusatoire qui était généralement suivie, c'est-à-dire qu'il fallait un accusateur pour que la justice pût être mise en mouvement. Néanmoins, le juge poursuivait parfois d'office ; cela arrivait quand il y avait flagrant délit : dans ce cas, on avait toujours admis que le malfaiteur pourrait être puni sur le témoignage des personnes qui l'avaient vu com-

mettre le méfait. Cette pratique était évidemment bonne, car, pour se porter accusateur, il fallait avoir un intérêt direct, et il se pouvait que parmi les témoins personne ne remplît cette condition. On admit donc que le dire des témoins suffirait pour entraîner une condamnation. On alla même très loin dans l'admission du flagrant délit : on considéra que l'on serait dans ce cas si un fait de notoriété publique était affirmé par un certain nombre de témoins ; le juge pouvait alors faire saisir le présumé coupable, entendre les témoins et prononcer la peine. Cette procédure s'appelait l'*aprise*. L'individu accusé est bien ici en prison préventive en attendant le jugement, et l'aprise est assimilable à une enquête ; seulement cette enquête était faite sommairement, et pendant un certain temps on soutint que l'individu jugé dans ces conditions ne pouvait pas être condamné à la peine normale ; de nombreux textes, entre autres les Etablissements de Saint-Louis, disent même que le bannissement est la seule peine alors applicable : « Se aucuns est mauvesement renommé par cri ou par renommée, la justice le doit prendre et si doit enquerre de son fet et de sa vie et là où il demeure, et se il le treuve par enqueste que il soit coupable de aucuns fait où il ait paine de sane, il ne le doit mie condamner à mort quand nus ne l'accuse... lors la justice doit le forbanir hors de son pooir, selonc ce qu'il semblera coupa-

bles par le fet et comme il trouvera par l'enqueste
qu'il aura faite de son office. » (1)

37! Cette pratique de l'aprise existait sous la
monarchie franque à côté de la procédure forma-
liste ; c'était la procédure *per inquisitionem* : le
roi seul avait alors en principe le droit de procéder aux inquisitions ; mais les églises et monastè-
res obtinrent le privilège d'employer aussi cette
procédure, et en fait, ils furent les seuls à le faire ;
c'est pour cela que lorsqu'on la retrouve dans le
droit français, elle paraît avoir été empruntée au
droit ecclésiastique.

38. Cette procédure d'office, qui n'avait lieu que
dans le cas de flagrant délit, était donc entrée
depuis longtemps dans la pratique des cours d'E-
glise. Les juridictions laïques l'employèrent à
leur tour en la copiant sur le modèle qui leur
était fourni ; dès lors, l'inquisition est entrée dans
le domaine de la justice. Un résultat caractéristi-
que de la procédure d'office fut la création d'un
organe nouveau dans le fonctionnement de la justice : le ministère public. Il faut toujours quelqu'un qui soutienne l'accusation devant le juge,
tandis que l'accusé se défend : l'accusateur particulier disparaît, et le ministère public prend sa
place. Dans cette nouvelle phase de l'évolution juridique, l'individu est arrêté sur un simple soupçon, et une enquête est ouverte pour arriver à la

____

(1) Etablissements de S¹-Louis, II, 16.

découverte de la vérité. La prison préventive
existe plus que jamais, mais elle n'a plus son caractère primitif : l'accusé est emprisonné pour
être mis à la disposition du juge qui l'interrogera
et essayera par tous les moyens de lui arracher
l'aveu d'un crime qu'il n'a peut-être pas commis.
Les moyens employés dans ce but variaient beaucoup, mais les premiers interrogatoires ne don-
naient généralement aucun résultat, et on arrivait
fatalement à la question. Alors s'inventèrent des
supplices raffinés que l'on fit subir aux prévenus,
et la prison préventive, comme l'avaient dit les
Romains, fut une première peine infligée à l'accusé avant la condamnation. Cette pratique était
d'autant plus injustifiée que les innocents qui y
étaient soumis restaient le plus souvent estropiés
jusqu'à la fin de leurs jours, quand ils étaient re-
mis en liberté, leur innocence ayant été par hasard
reconnue. Aussi des protestations s'élevèrent-elles
vives et nombreuses, et l'on peut constater des
suppressions momentanées de la torture. Mais
malgré tout, elle subsista ; en principe, elle ne devait être employée que quand on ne pouvait trouver de preuves, mais quand le cas était pourtant
« présomptueux » (1). En fait elle l'était dans la
plupart des cas.

---

(1) «... Question ne se doit asseoir que quand le cas est
tel que preuve ne s'y peut asseoir ne trouver, et toutefois
est le cas présomptueux quand information en appert. »
Jean Bouteiller, Somme rurale, I, 34.

39. Alors une distinction d'une très grande importance s'introduisit : on se trouva en présence
de deux procédures : l'ordinaire et l'extraordinaire. La première était celle suivie quand il y
avait accusation. Dans le cas de poursuite d'office,
c'était la seconde que l'on suivait.

40. Il faut noter dès son apparition cette double voie suivie par la procédure, car nous trouverons par la suite des différences considérables qui
en découlèrent au point de vue de la prison préventive. Dès le début, ces différences ne sont pas
très sensibles, et on use largement de la liberté
sous caution ; Esmein en cite de nombreux exemples qu'il extrait du registre criminel de saint
Martin (1). Jamais elle n'a été un droit pour l'accusé, mais le juge pouvait toujours l'accorder,
même dans des cas graves où la peine de mort
était encourue. En général les plèges s'engagent
« corps pour corps, avoir pour avoir », mais il
se peut qu'ils ne répondent que de la représentation de l'inculpé ; parfois aussi, ils s'engagent a
« payer le jugé ». Le registre criminel de Saint-
Martin mentionne un cas où le prisonnier, qui n'a
peut-être pu trouver des plèges, fournit un gage :
« deux enclumes du prix LX sols parisis » et un
cas où il y a eu élargissement sur parole : « eslar-
gie Jehanne de Montargis à lui-mesme ». Du reste,

____

(1) Esmein, Histoire de la procédure criminelle, p. 119,
120 et les notes.

quand il y avait des plèges, leur responsabilité
n'était pas la seule garantie que l'on eût contre
l'inculpé : si celui-ci ne se présentait pas, il était
déclaré coupable.

41. Le registre criminel du Châtelet de Paris (1) nous donne de nombreux exemples de procès et montre que là aussi la prison préventive
existait, mais on n'y trouve pas un seul exemple
de mise en liberté sous caution. Le régime de cet
emprisonnement n'est pas uniforme : tantôt les
détenus sont emprisonnés en commun, tantôt ils
sont isolés ; les uns peuvent communiquer libre-
ment avec le dehors, tandis que c'est interdit à
d'autres: « ...la femme dudit Hays estoit alée ou-
dit Chastellet pour parler à son mary, et que elle
avoit en une bourse qu'elle avoit sur elle très-
grant quantité de florins dont élle avoit présenté
deux florins au geôlier, mais que elle peust parler
à sondit mary ; lequel geôlier n'en avoit voulu
riens faire ». Ici aussi le détenu préventivement
était, en général, mis à la torture pour essayer
d'obtenir de lui un aveu ; de plus on lui faisait ju-
rer de dire la vérité quand on l'interrogeait.

42. La détention préventive dans les Ordonnances royales. — Jusqu'ici, la procédure criminelle a traversé une période de formation : ce sont
les juristes et la jurisprudence qui ont établi et

---

(1) Esmein, p. 124 et s.

mis en pratique les principes que nous venons d'é-
tudier. Le pouvoir royal se trouve donc en présence d'une législation déjà consacrée par l'usage
et qu'il ne fait que codifier, en la modifiant quelque
peu, dans diverses ordonnances. De celles-ci nous
n'envisagerons que les plus importantes, celles de
1498, de 1539 et de 1670.

43. De l'ordonnance de 1498, nous ne dirons
que quelques mots, car elle ne touche pas directement à notre sujet : elle définit la procédure ordinaire et l'extraordinaire ainsi que le domaine de
chacune ; elle pose les règles que l'on devra suivre pour adopter l'une ou l'autre.

44. Beaucoup plus importante est l'ordonnance
de 1539, œuvre du chancelier Poyet, rendue au
mois d'avril à Villers-Coterets par François Ier.
Une grande innovation est introduite : désormais,
dans tout procès, le concours de deux magistrats
est exigé : le juge et le procureur du roi ou du seigneur. Sur la plainte de la partie civile ou du ministère public, le juge ouvre l'information qui est
écrite et secrète ; puis il l'envoie au procureur du
roi qui donne ses conclusions, d'après lesquelles
le juge abandonne l'affaire ou lance, soit le décret (1) d'ajournement personnel, soit celui de
prise de corps. Dans le cas de flagrant délit, le

------

(1) Les mesures que l'ordonnance de 1539 appelait décrets ne sont autres que celles qui portent le nom de
mandats depuis la loi du 29 septembre 1791.

coupable peut être arrêté sur-le-champ ; dans les
autres cas, c'est le décret de prise de corps qui le
conslitue en état de détention préventive. Ce décret devait être exécuté de jour, avec deux records
seulement et sans armes ; on ne devait rien casser
ni rien prendre dans la maison de celui que l'on
arrêtait, on avait seulement le droit d'enfoncer les
portes si elles étaient fermées. En principe, le juge
ne devait lancer ce décret que dans les cas graves,
toujours après information préalable, sauf s'il y
avait flagrant délit, si l'accusé ne possédait pas
d'immeubles, ou s'il était probable que l'accusé,
même possédant des immeubles, chercherait à fuir ;
en fait, le juge n'était lié par aucun texte assez
précis, et la liberté individuelle était ainsi soumise
à de graves atteintes. De plus, tandis qu'au XIVe
siècle la liberté provisoire était assez facilement
accordée, l'ordonnance de 1539 réduisait dans des
proportions très considérables les cas dans lesquels
on pouvait l'obtenir ; c'est ici que nous trouvons,
au point de vue de la détention préventive et de la
liberté provisoire, l'importance de la distinction
entre la procédure ordinaire et la procédure extraordinaire : l'ordonnance de 1539, article 152,
décide : « Es matières subjectes à confrontation,
ne seront les accusez eslargys pendant les délays
qui seront baillez pour faire ladite confrontation ».
Donc, la mise en liberté sous caution n'était pas
possible quand la procédure extraordinaire était
suivie ; pourtant, sur ce point, l'ordonnance n'était
pas toujours respectée : « ...en matière de peu

— 34 —

d'importance, là où il n'y eschet aucune punition
corporelle ou criminelle, les juges ont accoustumé
d'élargir les accusez en baillant caution, ou à leurs
cautions juratoires, ou bien à la garde d'un huis-
sier ou sergent. L'on pourrait dire à cela que l'ordonnance y résiste et que les criminels ne doibvent
estre élargis jusques à ce que les récollements et
confrontations soient faits... » (1)

45. Sous l'empire de l'ordonnance de 1539, la
torture était encore employée pendant l'emprisonnement préventif, pour essayer d'arracher à l'accusé l'aveu de son crime ; les supplices étaient
d'une cruauté raffinée : Hippolytus de Marsiliis
décrit quatorze procédés en usage en Italie, et en
France, l'imagination des tortionnaires n'était pas
moins féconde, ainsi que le prouvent de nombreux
auteurs de l'époque (2).

46. Ce système établi par l'ordonnance de
1539 souleva de très vives critiques d'Imbert, de
Dumoulin et surtout de Pierre Ayrault ; pourtant
celui-ci se rend compte de son utilité : « ... on la
peut (la prison préventive) quasi mettre aujour-
d'huy parmi les formalités les plus requises. Il se
fait, ne sçais comment, que ce qui est quelquefois le
plus beau et le plus raisonnable à discourir, l'usage
en est toutefois peu profitable. Il a esté nécessaire
pour la sécurité publique, laisser les exemples des

____

(1) Stile de Boyer, édition 1610, IVᵉ partie, tit. 12, p. 239.
(2) Par exemple, Claude Lebrun de la Rochette, le procès civil et criminel, IIᵉ partie, p. 140.

hommes libres et se servir de ceux des ennemis
jurez, des vagabonds, des esclaves, pour lesquels
avoient esté inventés les prisons, les questions, les
gibets. Toutes nos autres raisons soient si belles
et bonnes que l'on voudra, ainsi que le style de notre justice est composé, l'expérience nous mons-
tre que si les accusez ne tiennent prison, il est impossible d'en convaincre pas un ; il n'y a tesmoin
qui ose parler, ny jugement qui ne soit illusoire. ».

47. Pourtant ces critiques ne sont pas générales :
quelques auteurs, se plaçant à un point de vue hu-
manitaire, les font, mais l'opinion publique est favorable à la procédure inquisitoriale ; les Etats
généraux qui se réunissent à Paris en 1614, ainsi
que les assemblées de notables de 1626 et 1627, jus-
tifient la sévérité alors employée : « ...La lecture
des cahiers indique clairement que les députés
étaient émerveillés de l'ordonnance de 1539... L'information en elle-même ne leur semblait propre
qu'à terrifier les méchants, et par conséquent à
rassurer les gens paisibles. Aussi se gardaient-ils
de critiquer l'instruction secrète » (1). Les cahiers
des Etats généraux contiennent même parfois des
vœux tendant à aggraver la sévérité de la procédure, tandis que les adoucissements demandés sont
bien peu nombreux.

48. Pour donner satisfaction aux Etats généraux, en 1627, Michel de Marillac, aidé de quelques

---

(1) Picot, Histoire des Etats-Généraux, t. II, p. 530.

conseillers d'Etat, établit un projet d'ordonnance qui fut enregistré au Parlement le 15 janvier 1629; ce fut le Code Michaud, qui ne fut guère mis en pratique.

49. Aussi ne faut-il pas croire que ce fut par esprit d'humanité et de libéralisme que l'ordonnance de 1670, à laquelle nous arrivons maintenant, prit la place de celle de 1539. Sans nous attarder dans une trop longue discussion, il est bon pourtant de voir comment elle vint au monde : Colbert conçut l'idée grandiose de codifier la matière juridique ; il sut faire adopter cette idée par Louis XIV et la codification commença : les membres du Conseil d'Etat fournirent des mémoires, mais Colbert ne les trouva pas suffisants, sauf celui de Pussort, son oncle. Le travail de Pussort, très complet et très documenté, était en effet bien au-dessus des autres et Colbert adopta le plan qui y était contenu. Ainsi les vrais auteurs de l'ordonnance de 1670 sont Colbert et Pussort.

50. Cette ordonnance s'occupe de la réforme de la magistrature, autant et plus que de celle de la loi ; pourtant elle introduit des modifications intéressantes dans la réglementation de la détention préventive : dès qu'une poursuite était engagée, une information devait être ouverte. Le titre VI de l'ordonnance, consacré à cette matière, y maintient rigoureusement le secret de la procédure. Si cette information contenait des charges contre l'accusé, le juge d'instruction rendait un décret. Trois sortes de décrets étaient prévus par l'ordon-

nance : celui d'assigné pour être ouï, celui d'ajournement personnel (1) et celui de prise de corps.
C'était ce dernier qui mettait l'accusé en état de
détention préventive. L'ordonnance réglait les conditions dans lesquelles il pouvait être rendu ; on ne
pouvait décerner un décret de prise de corps contre un domicilié, sinon dans un cas où une peine
afflictive ou infamante était encourue. Le décret
de prise de corps pouvait encore être décerné contre un domicilié, si celui-ci ayant été l'objet d'un
décret d'ajournement personnel, n'avait pas comparu au jour fixé ; si, au contraire, il comparaissait, on ne pouvait l'emprisonner à moins qu'il ne
survînt de nouvelles charges, ou que « par délibération secrète de nos cours, il ait été résolu qu'en
comparaissant il sera arrêté, ce qui ne pourra être
ordonné par aucun autre de nos juges » (2). Cet
article 7 ouvrait la porte à l'arbitraire ; on com-
prit que des abus se produiraient, surtout dans les
juridictions inférieures, aussi cette faculté d'arrê-

---

(1) Le décret d'assigné pour être ouï avait été introduit
par la jurisprudence. C'était le plus doux, une simple
convocation qui ne présumait rien ; le décret d'ajournement personnel, quoique ne mettant pas le prévenu en
état de détention préventive, était plus grave, car il en-
traînait l'interdiction d'exercer toutes fonctions. Ce second
décret était généralement décerné contre l'individu qui
n'avait pas obéi à un décret d'assigné pour être ouï. Il pouvait se transformer pour la même raison en décret de
prise de corps.

(2) Ordonnance de 1670, tit. X, art. 7.

ter sur l'audience un individu qui n'avait pas été mis en prison préventive, fut-elle restreinte aux cours royales.

51. Les décrets, notamment le décret de prise de corps, ne pouvaient, en principe, être décernés qu'après information préalable ; mais de nombreuses exceptions étaient admises, d'abord en cas de flagrant délit et ensuite dans des hypothèses énumérées au titre X, article 8 : « Pourra être décerné prise de corps sur la seule notoriété pour crime de duel, sur la plainte de nos procureurs contre les vagabonds, et sur celle des maîtres pour crimes et délits domestiques. »

52. Ce décret de prise de corps constituait donc l'accusé en état de détention préventive ; mais le juge pouvait, par une ordonnance, mettre l'inculpé en liberté provisoire sous caution. Ici encore, l'ordonnance de 1670 suivait l'exemple des précédentes ; elle distinguait suivant que la procédure employée était l'ordinaire ou l'extraordinaire : dans le premier cas, la mise en liberté provisoire était toujours possible ; dans le second, elle ne l'était que très rarement, et pour des faits peu graves, par exemple si, un décret personnel ayant été tout d'abord décerné, l'accusé ne s'était pas présenté et avait fait l'objet d'un décret de prise de corps.

53. Ainsi la liberté individuelle était encore fort sacrifiée. Pourtant l'ordonnance de 1670 était plus précise que les précédentes et laissait moins de place à l'arbitraire ; de plus, elle édictait quelques garanties : les procureurs du roi devaient envoyer

deux fois par an aux procureurs généraux « un état signé par les lieutenants criminels et par eux,, des écroues et recommandations faites pendant les six mois précédents ès prisons de leur siège, et qui n'avaient point été suivies d'un jugement définitif, contenant la date des décrets, écroues, recommandations, le nom, surnom, qualité et demeure des accusés, et sommairement le titre de l'accusation et l'état de la procédure ».

54. Nous voyons donc que sous l'empire de l'ordonnance de 1670 la prison préventive est toujours appliquée aussi sévèrement qu'auparavant ; nous pouvons aussi nous rendre compte que le régime des prisonniers est très dur, puisque l'ordonnance cherche à faire cesser cet état de choses contre lequel les protestations sont alors unanimes : Servan, avocat général au Parlement de Grenoble et dont l'impartialité ne peut être mise en doute à ce sujet, nous fait la description suivante: « ...Osez descendre un moment dans ces noirs cachots où la lumière du jour ne pénètre jamais, et sous des traits défigurés, contemplez vos semblables, meurtris de leurs fers, à demi-couverts de quelques lambeaux, infectés d'un air qui ne se renouvelle jamais et semble s'imbiber du venin du crime, rongés vivants des mêmes insectes qui dévorent les cadavres dans leurs tombeaux, nourris à peine de quelques substances grossières distribuées avec épargne, sans cesse consternés des plaintes de leurs malheureux compagnons et des menaces de leurs gardiens. »

55. Ce sombre tableau fait par un avocat général dans un discours de rentrée nous montre quel
était le régime des détenus ; aussi l'ordonnance
dut-elle faire quelque chose pour améliorer cette
situation : « Les hommes et les femmes seront séparés (art. 20). Les guichetiers visiteront tous les
jours les prisonniers dans les cachots, et devront
indiquer ceux qui sont malades pour qu'ils soient
visités par des médecins, et au besoin transférés
dans des chambres (art. 21). On donnera aux prisonniers, du pain, de l'eau et de la paille, bien con-
ditionnés suivant les règlements (art. 25), etc... »
D'autres articles cherchent à réprimer les vexa-
tions des gardiens : on défend à ceux-ci d'exiger
de l'argent pour des actes qu'ils sont obligés de
faire. De plus, des mesures particulières étaient
souvent prises en pratique : les Parlements édic-
taient des règlements sur la police des prisons de
leur ressort ; Barbier, avocat au Parlement le
Paris, nous fait le récit d'une cérémonie qu'il
voyait se reproduire tous les ans : « Le jeudi de
l'Ascension, grande fête de l'année, le Parlement
tient sa séance au Châtelet pour les prisonniers.
C'est le président à mortier dernier reçu qui, à
dix heures et demie, se transporte au Châtelet avec
les conseillers de la Tournelle ; quand ils arri-
vent, l'audience cesse, le lieutenant civil quitte sa
place, et pendant que le Parlement tient l'audience,
le lieutenant civil, le lieutenant de police, le lieutenant criminel et le procureur du roi sont dans le

banc des gens du roi pour être en état de répondre s'il y avait quelque plainte portée contre eux. » (1)

56. Mais toutes ces mesures sont inefficaces et quelques années plus tard, Voltaire pourra écrire : « Il ne faut pas qu'une prison ressemble à un palais, il ne faut pas non plus qu'elle ressemble à un charnier. On se plaint que la plupart des geôles en Europe soient des cloaques d'infection, qui répandent des maladies et la mort non seulement dans leur enceinte, mais dans le voisinage. Le jour y manque, l'air n'y circule point. Les détenus ne se communiquent que des exhalaisons empestées. Ils éprouvent un supplice cruel avant d'être jugés. La charité et la bonne police devraient remédier à cette négligence inhumaine et dangereuse. » (2)

57. Malgré tout, cette situation resta à peu près la même, et en 1789 encore les cahiers des Etats généraux contiennent les réclamations simultanées de la noblesse, du clergé et du tiers-état ; aussi, la prise de la Bastille par les révolutionnaires ne sera que la conséquence de ces récits qui montrent à tous la situation lamentable des détenus ; la force de l'émeute fera ce qu'aucune loi ne pouvait accomplir ; la destruction de la Bastille marquera le début d'une ère nouvelle pour le système pénitentiaire.

---

(1) Barbier, Journal historique et anecdotique.
(2) Voltaire, Idée de la justice et de l'humanité, art. XXV.

58. Pourtant l'ordonnance de 1670 apportait une amélioration notable et effective dans le sort des détenus préventivement : tandis qu'autrefois le juge pouvait laisser longtemps les accusés emprisonnés sans s'en occuper, d'après la loi nouvelle. l'interrogatoire devait être commencé dans les 24 heures de l'emprisonnement au plus tard. L'inculpé devait prêter serment de dire la vérité, et était interrogé isolé, sans l'assistance d'aucun conseil, sauf quand il s'agissait de crimes intéressant l'état des personnes ; et encore cette restriction ne fut-elle admise, sur la proposition de Talon, qu'après une violente discussion entre Lamoignon et Pussort.

55. Quand les informations, interrogatoires, récolements et confrontations étaient terminés, le procès était instruit ; il passait aux mains du rapporteur après que le procureur du roi avait pris ses conclusions. Les juges seuls assistaient à la visite du procès et au rapport. Mais il pouvait se faire que l'instruction ne fût pas encore terminée : si la preuve n'était pas suffisante, mais s'il y avait de graves présomptions de culpabilité, la mise à la question pouvait être ordonnée. C'est de la question préparatoire qu'il s'agit ; il ne faut pas la confondre avec la question préalable, infligée au condamné avant le supplice pour essayer de lui arracher les noms de ses complices. Si, au contraire, et toujours sans preuve suffisante, les présomptions étaient favorables à l'inculpé, celui-ci était admis à faire la preuve du fait justificatif.

60. Tel était le régime organisé par l'ordonnance de 1670. Cette ordonnance innove assez peu ; elle codifie surtout les usages en pratique, et à ce point de vue elle mérite d'être approuvée, car l'arbitraire est ainsi très diminué ; mais elle laisse encore dans l'ombre bien des points. Cette ordonnance n'a pas été faite pour adoucir le système établi en 1539 ; la sévérité alors employée était généralement admise ; pourtant, peu à peu et devant les abus qui se commettaient, nombreux furent ceux qui élevèrent la voix : La Bruyère proteste énergiquement contre les injustices : « ...Je dirais presque de moi : je ne serai pas voleur ou meurtrier ; dire : je ne serai pas un jour puni comme tel, c'est parler bien hardiment. » (1) Plus tard, en 1681, Augustin Nicolas, président au Parlement de Dijon, publie un petit livre intitulé : « Si la torture est un moyen sûr à vérifier les crimes secrets ; dissertation morale et juridique, par laquelle il est amplement traité des abus qui se commettent partout en l'instruction des procès criminels, et particulièrement en la recherche du sortilège. » Dans cet opuscule, dédié du reste à Louis XIV, l'auteur signale les abus au roi pour qu'il veuille bien y remédier.

61. Et les protestations encore isolées dans cette fin du XVIIᵉ siècle, se feront de plus en plus nom-

---

(1) La Bruyère. Les Caractères : de quelques usages.

breuses : Voltaire (1), Montesquieu (2), Rousseau (3), se passionnent pour cette question. Parmi les juristes aussi, on se rend compte de ces inconvénients. Deux hommes seulement, Muyart de Vouglans et Louis Séguier, défendent l'ordonnance avec quelque ardeur. Serpillon et Pothier en signalent la rigueur. Le public enfin commence à émettre ses idées, faisant déjà prévoir la révolution.

62. La détention préventive dans le droit de la révolution. — Les modifications qui ont été introduites par la révolution dans notre procédure criminelle ont été inspirées surtout par le système alors suivi en Angleterre, aussi croyons-nous utile de tracer brièvement les grandes lignes de ce système.

63. L'Angleterre avait conservé le principe de l'accusation, et le pratiquait sous deux formes :

64. D'abord l'accusation portée par un intéressé, comme elle fonctionnait en France au XIII° siècle. L'accusé pouvait alors, soit provoquer l'accusateur au duel judiciaire, soit se faire juger par le jury. Le jury était en effet l'institution fondamentale dans la procédure anglaise.

65. Ensuite l'accusation publique, ouverte à

---

(1) Commentaire sur le traité des délits et des peines, l'A. B. C. Histoire d'Elisabeth Canning et de Calas.
(2) Les Lettres persanes. L'Esprit des lois.
(3) Le Contrat social.

tous. L'accusateur demandait au juge de paix un ordre d'arrestation ou Warrant contre celui qu'il accusait ; l'officier chargé d'exécuter le warrant amenait la personne arrêtée devant le juge de paix qui l'interrogeait en la prévenant qu'elle était libre de ne pas répondre, et que ce qu'elle dirait pourrait être utilisé contre elle. Après cet interrogatoire, le juge de paix remettait immédiatement l'inculpé en liberté si les charges ne paraissaient pas suffisantes ; dans le cas contraire, il le mettait en état de détention préventive. Mais moyennant une caution suffisante, la liberté provisoire était accordée, sauf s'il s'agissait d'un crime passible de la peine capitale. La loi punissait le juge qui refusait la mise en liberté provisoire ou qui exigeait une caution trop élevée. De plus, l'acte d'*Habeas corpus* permettait de porter devant toutes les cours des grands juges d'Angleterre les réclamations contre un emprisonnement illégal.

66. Un acte d'accusation « indictment » était alors dressé, et la mise en accusation devait être prononcée par le grand jury, composé de 12 à 23 jurés. Puis on procédait au jugement rendu par le petit jury (12 jurés), qui tenait ses sessions deux fois par an. L'accusateur présentait alors ses preuves ; l'accusé n'était assisté d'aucun conseil au cas de crime capital ; il ne pouvait produire aucun témoin pour se disculper, mais la pratique corrigea ce dernier point. Le jury rendait le verdict, pour lequel l'unanimité était exigée, et le juge appliquait la peine. La procédure n'était pas secrète, et la

torture n'existait pas (1), puisque l'accusé, qui n'é-
tait interrogé qu'une fois, était libre de ne pas répondre.

67. Ce sont ces idées qui ont inspiré les réclamations insérées en 1789 dans les cahiers des états
généraux demandant la publicité de la procédure,
la suppression du serment de l'accusé, celle de la
torture et la pleine liberté de la défense. Devant un
tel courant, l'ordonnance de 1670 ne pouvait rester en vigueur ; du reste, avant même les réclamations des états généraux, Louis XVI avait compris
la nécessité d'une réforme, et un édit du 8 mai
1788 apporta quelques modifications à l'ordonnance, : il décida que toute sentence devrait être motivée ; il confirma l'abolition de la question préparatoire (2) et abolit la question préalable ; celle-ci
était remplacée par un dernier interrogatoire fait
par le juge le jour même de l'exécution ; une majo-
rité de trois voix au lieu de deux était exigée pour

---

(1) Sauf dans un cas : on cherchait, par « la peine forte
et dure » à obliger l'accusé à accepter le jugement par le
jury, au lieu de réclamer le duel judiciaire. « Le prisonnier était mis dans un cachot, nu et étendu sur le dos ; on
plaçait sur lui un poids de fer aussi lourd qu'il pouvait le
supporter, et on ne lui donnait pour subsistance qu'un
morceau de pain le premier jour, le second jour trois gor-
gées d'eau dormante, la plus proche de la prison, et ainsi
de suite en alternant. » Esmein, Histoire de la procédure
criminelle, p. 325 et note 3.

(2) La question préparatoire avait été abolie par un édit
de 1780.

qu'une condamnation à mort fût prononcée ; la
condamnation à mort ne pouvait être exécutée
qu'un mois après avoir été prononcée ; enfin quand
un accusé avait été absous, le jugement devait être
imprimé et affiché aux frais de la partie civile
quand il y en avait une, sinon aux frais du domaine royal.

68. Mais cet édit n'eut pas le temps d'être appliqué : le 5 juillet 1788, les Etats généraux sont
convoqués. Ils formulent dans leurs cahiers de
nombreuses réclamations ; ils demandent entre autres choses « que l'élargissement provisoire soit
toujours accordé après l'interrogatoire en four-
nissant caution, excepté dans le cas où le détenu
serait prévenu d'un délit qui mériterait peine corporelle. » (1) L'assemblée constituante, après s'être
suffisamment documentée, donna satisfaction aux
réclamations publiques : une loi d'octobre 1789
décida que « les décrets de prise de corps ne pourront plus être rendus contre des domiciliés, que s'il
s'agit d'un crime pouvant entraîner peine corporelle ; ils ne pourront être prononcés que par trois
juges au moins ou par un juge et deux gradués ;
pourront néanmoins les juges faire arrêter sur-le-
champ, dans le cas de flagrant délit ou de rébellion
à justice. »

69. Cette loi de 1789, complétée par une autre
du 25 avril 1790, n'était que provisoire; ce n'était

____

(1) Alençon, Cahiers de la Noblesse, II, p. 145.

qu'un ensemble de modifications apportées à l'ordonnance de 1670 en attendant qu'une loi plus complète permît de l'abroger définitivement. Cette loi
fut promulguée le 29 septembre 1791. Elle introdui-
sait en France la procédure anglaise, avec quelques modifications sur des points qui n'auraient
pas été en harmonie avec les idées françaises.

70. Comme en Angleterre, c'était le juge de paix
qui, agissant d'office en cas de flagrant délit, ou
d'après une accusation particulière, faisait les premiers actes de l'information : il lançait un mandat
d'amener en vertu duquel l'inculpé comparaissait ;
après interrogatoire, il le mettait en liberté s'il
n'y avait pas de charges suffisantes ; dans le cas
contraire, il le mettait en état de détention préventive au moyen du mandat d'arrêt. Puis la procédure était remise au jury d'accusation siégeant au
district ; c'était le directeur du jury (les juges du
tribunal du district remplissaient ces fonctions à
tour de rôle) qui examinait les pièces ; il pouvait
remettre l'accusé en liberté s'il jugeait qu'il n'y
avait pas lieu à poursuite ; sinon il rédigeait, de
concert avec le dénonciateur civique, l'acte d'accusation qui était ensuite soumis au jury. Si la peine encourue n'était pas afflictive, le prévenu pouvait obtenir la liberté provisoire moyennant caution. Quand l'acte d'accusation avait été présenté
au jury, celui-ci décidait s'il y avait lieu ou non à
poursuivre. Au cas où l'affaire devait être portée
devant le tribunal criminel, le directeur du jury
rendait une ordonnance de prise de corps, en vertu

de laquelle l'accusé, s'il n'était déjà arrêté, devait
être saisi, en quelque lieu qu'il fût trouvé, et amené
devant le tribunal criminel. Enfin l'accusé était
jugé par le jury de jugement devant lequel la procédure était orale et très simple.

71. Si nous nous sommes étendu aussi longuement sur l'ensemble de la procédure organisée
par la loi de 1791, au lieu de n'envisager que les
parties de cette procédure se rattachant à la détention préventive, c'est que nous avons cru bon
de montrer comment la procédure anglaise entra
tout à coup dans notre législation, entraînant, momentanément du moins, la disparition du ministère public qui était à la base de l'ancienne procédure. Au surplus, durant cette période si agitée, où
l'on découvrait tous les jours quelque imperfec-
tion à ce que l'on avait fait la veille, les lois se suc-
cédèrent à de très brefs intervalles ; celle de 1791
devait subir le sort commun et faire place au Code
des Délits et des Peines, du 3 Brumaire an IV.

72. Ce Code, que Cambacérès et Merlin devaient
préparer sur le mandat de la Convention, est en
réalité l'œuvre exclusive de Merlin. Sous l'empire
de cette nouvelle législation, la prison préventive
et la mise en liberté provisoire sont régies à peu
près comme par la loi de 1791 : le juge de paix
procède aux premiers actes de l'information ; puis
les pièces sont remises au directeur du jury qui
statue sur les demandes de mise en liberté provisoire ; celle-ci est de droit, quand la peine encourue est infamante ou correctionnelle, mais non af-

flictive. L'accusé devait fournir une caution solvable qui déposait 3.000 livres ; le directeur du jury rendait alors une ordonnance enjoignant à l'accusé de se présenter devant le tribunal criminel pour les actes de la procédure, et d'élire domicile dans le lieu ou siégeait le tribunal. La mise en accusation ne faisait donc pas cesser la liberté provisoire. Quand la peine encourue était afflictive, la mise en liberté n'était jamais accordée.

73. Ce Code de Brumaire ne devait pas avoir une existence plus longue que les lois qui l'avaient précédé. Le jury se laissa souvent entraîner par les passions politiques ; la poursuite et l'instruction préparatoire avaient été bien réduites ; bref, cette législation fut impuissante à réprimer les nombreux crimes qui se commettaient alors.

74. La loi du 7 Pluviôse an IX apporta de profondes modifications : elle revint en partie aux anciens principes de 1670 qui avaient été supprimés par la révolution ; reconstituant le ministère public, elle créa dans chaque arrondissement des substituts du commissaire du gouvernement, chargés de la poursuite de tous les délits et de tous les crimes (1) ; les juges de paix et officiers de gen-

---

(1) Le procureur général est aujourd'hui le successeur du commissaire du gouvernement, et les substituts de ce commissaire sont devenus les procureurs de la République. Dans le langage administratif, le procureur général, parlant des procureurs de la République, dit encore: « mes substituts. »

darmerie étaient placés sous leurs ordres et pouvaient faire saisir l'inculpé quand il y avait flagrant délit ou accusation par la rumeur publique, ou quand il s'agissait d'un délit passible d'une
peine afflictive ; dans tous les cas, il fallait qu'il
y eût des indices suffisants de la culpabilité de
l'inculpé. L'agent qui avait procédé à l'arrestation
devait alors faire conduire l'inculpé le plus tôt possible devant le substitut, et c'était celui-ci qui dé-
cernait contre lui un mandat de dépôt et le
faisait incarcérer dans la maison d'arrêt (1).
C'était donc le substitut qui mettait l'inculpé en
état de détention préventive ; mais pour protéger
la liberté individuelle, l'article 8 de la loi décidait
que dans les vingt-quatre heures le substitut devait avertir le directeur du jury qu'il ait à prendre
connaissance de l'affaire et à y procéder dans le
plus bref délai. Le directeur du jury faisait une enquête dont il communiquait le résultat au substitut ; celui-ci prenait les conclusions écrites d'après
lesquelles le magistrat instructeur rendait une ordonnance de non-lieu, ou renvoyait l'accusé devant
le tribunal compétent, et dans ce cas il pouvait ordonner sa mise en liberté provisoire suivant les an-

____

(1) Remarquons que le rôle du magistrat de sûreté
chargé de prendre les mesures urgentes, après avoir appar-
tenu au juge de paix, magistrat élu (loi de 1791) passe au
substitut du commissaire du gouvernement, magistrat
nommé. La liberté individuelle est ainsi abandonnée à la
discrétion d'un agent du pouvoir.

ciennes règles, ou confirmer par un mandat d'arrêt le mandat de dépôt qui avait mis l'accusé en état de détention préventive. Un droit d'appel existait contre ces décisions, mais il n'était accordé qu'au ministère public, et non au détenu.

75. C'est cette loi du 7 pluviôse an IX, modifiée sur certains points par d'autres lois plus particulières, qui était en vigueur sous l'empire quand commença la discussion du Code d'Instruction criminelle. Cette discussion fut très vive, surtout en ce qui concernait le jury : on en arriva, le 2 février 1808, à conserver le jugement par jurés, mais on supprima le jury d'accusation. Au point de vue de l'instruction préparatoire, qui nous intéresse plus directement, on maintint dans chaque arrondissement un magistrat de sûreté et un juge d'instruction, mais on diminua le pouvoir du magistrat de sûreté : on craignit des abus de la part d'un homme qui aurait trop de pouvoirs : on ne lui permit de faire les actes d'instruction, et encore seulement les plus urgents, qu'en cas de crime flagrant. Quant à l'instruction préparatoire elle-même, elle consistait en une procédure secrète et écrite, non contradictoire, et la détention préventive y formait une règle susceptible d'un très petit nombre d'exceptions.

76. Tandis que le Code de Brumaire décidait que la mise en liberté provisoire était un droit quand la peine encourue était simplement correctionnelle ou infamante et ne pouvait être accordée quand cette peine était afflictive, le projet du Code d'ins-

truction criminelle se montra beaucoup plus sévère ; la mise en liberté provisoire est toujours impossible quand une peine afflictive peut être prononcée ; mais dans l'autre hypothèse, elle est simplement facultative. Et même après cette modification, Cambacérès, Jaubert et Regnaud de Saint-Jean d'Angély trouvèrent que l'on ne s'était pas montré assez sévère ; ils demandèrent et obtinrent que la liberté provisoire ne serait accordée que dans les cas de procès en police correctionnelle. Berlier émit l'opinion que puisqu'on limitait ainsi la mise en liberté sous caution, il était raisonnable de décider que dans ce cas elle serait un droit pour l'inculpé ; mais « S. A. S. l'archichancelier de l'empire dit que, les délits de police correctionnelle pouvant entraîner l'emprisonnement, on ne peut pas relâcher indistinctement sous caution ceux qui sont prévenus ; il suffit de laisser cette faculté au juge. » (1)

77. Ainsi le projet prohibait dans certains cas la mise en liberté provisoire, et décidait que jamais, quand elle était admise, elle ne constituait un droit pour le prisonnier ; quand elle était accordée, un cautionnement de 500 francs était exigé. C'était la chambre du conseil qui statuait sur les demandes de mise en liberté ; ses décisions étaient sujettes à appel de la part du procureur impérial et de la partie civile, mais non du prévenu.

78. Le Code ainsi rédigé ne donna pas pleine

____

(1) Locré, Observations, t, XXV, p. 191.

satisfaction au point de vue de la détention préventive et surtout de la liberté provisoire ; on fut choqué de ce que celle-ci était restée l'apanage des riches : tout le monde en effet ne pouvait pas payer le cautionnement de 500 francs exigé pour bénéficier de cette mesure de faveur. A partir de ce moment, la liberté provisoire tend à se démocratiser : le cautionnement ne sera plus obligatoire ; le juge pourra seulement l'exiger quand il le jugera à propos.

79. Tout d'abord, la loi du 4 avril 1855 décida que le juge d'instruction pouvait, après l'interrogatoire, laisser subsister le mandat de dépôt, mesure essentiellement provisoire, au lieu de décerner un mandat d'arrêt, et pouvait, « dans le cours de l'instruction, sur les conclusions conformes du procureur impérial, et quelle que fût la nature de l'inculpation, donner mainlevée de tout mandat de dépôt, à la charge, pour l'inculpé, de se représenter à tous les actes de la procédure, et pour l'exécution du jugement, aussitôt qu'il en serait requis » (1).

80. L'ordonnance de la chambre du conseil qui décidait de maintenir l'accusé en état de détention préventive n'était susceptible d'aucun recours de la part de l'accusé ; la loi du 17 juillet 1856 déclare que désormais cette ordonnance, rendue par le juge d'instruction (car la chambre du Conseil est

---

(1) Loi du 4 avril 1855, art. 94.

— 55 —

supprimée par la même loi), sera susceptible d'opposition de la part du prévenu.

81. La loi du 20 mai 1863 organise une procédure spéciale qui peut être suivie dans le cas de flagrant délit correctionnel. Mais ce n'est qu'une loi de superposition : le procureur de la république peut mettre à l'instruction un flagrant délit. Nous expliquerons plus en détail dans la suite (1) le mécanisme de cette loi. Disons seulement ici qu'elle a pour but d'abréger l'instruction préparatoire dans les cas spéciaux qu'elle vise : l'inculpé est conduit devant le procureur de la République qui l'interroge et peut décerner contre lui un mandat de dépôt. Du reste, l'inculpé ne doit pas demeurer longtemps en état de détention préventive ; il est traduit sur-le-champ à l'audience correctionnelle s'il y en a une ce jour-là ; sinon le procureur impérial le fait citer pour le lendemain et le tribunal est convoqué spécialement s'il y a lieu. L'inculpé peut demander et obtenir un délai de trois jours pour préparer sa défense.

82. Enfin la loi du 14 juillet 1865 édicta des dispositions d'une libéralité inusitée envers les prévenus : elle permit d'abord au juge, quelque grave que fût le fait incriminé, de ne décerner tout d'abord qu'un mandat de comparution ; puis, allant beaucoup plus loin, elle modifia ainsi l'article 113 : « En toute matière, le juge d'instruction pourra, sur la demande de l'inculpé et sur les conclusions

____

(1) Voy. infrà, nᵒˢ 150 et s.

du procureur impérial, ordonner que l'inculpé sera
mis provisoirement en liberté, à charge pour lui
de prendre l'engagement de se présenter à tous
les actes de la procédure et pour l'exécution du
jugement aussitôt qu'il en sera requis. » C'était
la première fois depuis 1789 que la liberté provisoire était admise en matière criminelle ; de plus,
l'article 114 permettait au juge d'instruction de
dispenser l'accusé de fournir un cautionnement.
La loi de 1865 décide en outre que la liberté provisoire sera de droit dans certains cas : « en matière correctionnelle, la mise en liberté sera de droit,
cinq jours après l'interrogatoire, en faveur du prévenu domicilié, quand le maximum de la peine
prononcée par la loi sera inférieur à deux ans
d'emprisonnement. La disposition qui précède ne
s'appliquera ni aux détenus déjà condamnés pour
crime, ni à ceux déjà condamnés à un emprisonnement de plus d'une année. » (article 113) Dans
les cas où la liberté provisoire ne sera pas de droit,
elle pourra être subordonnée à l'obligation de fournir un cautionnement.

83. La loi de 1865 constitue un progrès considérable au point de vue libéral : la loi de 1855 permettait déjà au juge d'instruction de donner mainlevée de tout mandat de dépôt, quelle que fût la
nature de l'inculpation, *sur les conclusions conformes du procureur impérial*. La loi de 1865 conserve cette disposition (article 113, § 1er I. C.) et décide de plus que le juge d'instruction pourra accorder la liberté provisoire, sur demande de l'in-

culpé, même contrairement aux conclusions du procureur de la République. Celui-ci peut former opposition dans le délai normal de 24 heures à une telle ordonnance ; quant au procureur général, il peut faire opposition pendant dix jours, mais ce délai n'est pas suspensif (article 135 I. C.).

84. Des lois postérieures, du 5 juin 1875, du 8 décembre 1897 ont réglementé le régime de la détention préventive ; cette loi de 1897 a même modifié le fond de la question traitée par la loi de 1865. Mentionnons encore, pour être complet, la loi du 28 avril 1832 et celle du 15 novembre 1892 qui ont organisé l'imputation de la détention préventive sur la peine principale ; la loi du 28 juin 1877 qui a restreint l'obligation de la mise en état imposée au condamné à l'emprisonnement qui veut se pourvoir en cassation ; la modification libérale apportée à l'article 206 par la loi du 14 juillet 1865 qui a prescrit la mise en liberté, nonobstant appel, du prévenu acquitté, et par celle du 13 juillet 1909 qui a étendu cette mesure au condamné à l'emprisonnement avec sursis ou à l'amende, et a décidé que le condamné sans sursis doit être libéré à l'expiration de sa peine, même si le délai d'appel du procureur général court encore. Ces quelques mots nous conduisent ainsi au terme de notre historique : ces dernières lois sont en vigueur actuellement ; nous allons par conséquent les examiner plus en détail, ce qui formera le corps même de notre étude.

EXPOSÉ DU SUJET

85. Résumé de l'évolution historique. — Nous avons vu comment le droit romain avait réglementé la détention préventive, depuis les mesures libérales de la loi des XII Tables, jusqu'à la rigueur des derniers empereurs. En France, la détention préventive, après avoir été une mesure d'exception à laquelle on échappait facilement en donnant caution, devint vite un accessoire normal de la justice ; la liberté provisoire fut alors considérée comme une faveur que l'on n'accorda plus que rarement et la détention préventive servit de moyen de coercition pour amener les inculpés à l'aveu par l'emploi de la torture. De nombreux textes législatifs ont modifié cette situation : les ordonnances de 1539 et de 1670 ont d'abord codifié la matière, évitant ainsi dans une certaine mesure l'arbitraire des juges ; puis on s'est rendu compte que la sévérité de ces dispositions était exagérée, et on a aboli la question en 1780 et 1788 ; après quelques mesures transitoires, la loi de 1791, calquée sur la loi anglaise, admet la liberté provisoire moyennant caution quand la peine encourue n'est pas afflictive ; le code de Brumaire dit même

que dans ce cas la liberté provisoire sera de droit, pourvu qu'une caution solvable dépose 3.000 livres. Puis la loi du 7 pluviôse an IX donne au substitut du commissaire du gouvernement le droit de faire mettre l'inculpé en prison préventive dans le cas de flagrant délit ; le Code d'instruction criminelle fait de la liberté provisoire une faveur que l'inculpé peut demander moyennant un cautionnement de 500 livres, mais une loi du 4 avril 1855 permet au juge d'instruction de lever le mandat de dépôt sans exiger de cautionnement, pendant l'instruction préparatoire, sur les conclusions conformes du procureur impérial. Enfin la loi du 14 juillet 1865, que nous allons examiner en détail, édicte des mesures encore plus libérales : dans certains cas, en effet, elle n'admet pas la détention préventive ; dans d'autres, elle décide que la liberté provisoire est de droit ; enfin, quand l'inculpé ne peut exiger son élargissement, il peut toujours le demander, et on peut toujour le lui accorder ; alors le juge d'instruction peut, si cela lui paraît utile, subordonner cette mesure à un cautionnement, mais jamais cette obligation n'est imposée par la loi.

86. C'est cette loi de 1865, avec les modifications apportées par quelques lois de détail, dont nous allons entreprendre l'étude.

Dans un premier chapitre, nous suivrons la détention préventive jusqu'au prononcé de la condamnation ; nous verrons ainsi la situation du prévenu d'abord dans l'instruction préparatoire

qui constitue la première phase du procès pénal ;
ensuite, depuis la clôture de l'instruction jusqu'à
la comparution à l'audience ; enfin les événements
qui peuvent se produire entre la comparution à
l'audience et le prononcé du jugement (renvoi à
une autre audience ; déclaration d'incompétence,
etc.). En appendice, nous examinerons la procédure
spéciale suivie au cas de flagrant délit. Dans le
chapitre second, nous serons en présence d'un condamné dont la condamnation n'est pas encore définitive ; il peut faire appel, se pourvoir en cassation ou en révision ; dans toutes ces hypothèses, il
y a lieu de se demander ce que devient la détention
préventive, toujours préventive jusqu'au moment
où la condamnation est devenue irrévocable. Nous
étudierons alors dans un chapitre troisième, qui
constituera en quelque sorte un appendice, certains
points que nous aurons passés sous silence dans le
cours de notre exposé pour éviter des longueurs et
des redites ; nous verrons d'abord quel est le régime institué par les lois du 5 juin 1875 et du 8 décembre 1897 ; ensuite nous dirons comment cesse
la détention préventive dans les diverses hypothèses que nous aurons étudiées. Nous serons ainsi
arrivé au bout de l'évolution de la détention préventive ; il nous restera encore à envisager une
question importante, qui a soulevé de nombreuses
controverses, celle de l'imputation organisée par
les lois du 28 avril 1832 et du 15 novembre 1892 ;
ce point fera l'objet du quatrième chapitre. Il ne
nous restera plus alors, et c'est par là que nous

terminerons, qu'à apprécier le système actuel, à étudier le projet de loi actuellement à l'étude et à voir quelles améliorations il comporte pour constituer un progrès notable sur ce que l'on veut réformer.

CHAPITRE PREMIER

LA DÉTENTION PRÉVENTIVE AVANT LA CONDAMNATION PRONONCÉE

87. Règles générales. — Caractère de la détention préventive. Comment faut-il l'employer.

— La détention préventive est une mesure d'instruction qui consiste à détenir un inculpé pour qu'il soit constamment à la disposition du magistrat chargé de l'instruction (1). Cette mesure, injustifiable en droit, doit être employée avec des précautions infinies, de façon à porter atteinte le moins

____

(1) Nous devons noter, à côté de la détention préventive organisée par le Code d'instruction criminelle, deux autres sortes de détention préventive : 1° celle que l'on fait subir au failli pour qu'il soit constamment à la disposition du syndic et autres personnes à qui il peut fournir des renseignements ; 2° celle qui est ordonnée par les lois fiscales. Celle-ci n'est autre chose que l'exercice anticipé de la contrainte par corps ; dans ce cas, la contrainte par corps commence avant le jugement qui fixe sa durée, en vertu d'une sorte d'imputation analogue à celle de la détention préventive sur les peines privatives de la liberté (Laborde, n° 403, en note). Nous ne faisons que signaler ces deux sortes de détention ; nous ne nous occuperons que de celle qui est organisée par le Code d'instruction criminelle.

possible à la liberté individuelle, et par dessus tout,
elle ne doit pas devenir une mesure de coercition
dont le but serait d'arracher un aveu à l'inculpé.
Le magistrat instructeur doit prouver par ses propres moyens l'existence du fait répréhensible et la
culpabilité de celui qui est soupçonné d'en être
l'auteur, mais il n'a pas droit à l'aveu. Celui-ci,
quand il se produit, doit être spontané ; il ne doit
pas servir de preuve à lui seul, mais seulement de
moyen de contrôle.

88. CAS OU LA DÉTENTION PRÉVENTIVE EST IMPOSSI-
BLE. — Le législateur ne pouvait livrer une arme si
dangereuse à l'arbitraire des juges : il a réglementé
la matière de façon à donner à la liberté individuelle
une certaine garantie. Il a d'abord décidé que la
détention préventive ne pourrait pas toujours être
infligée à l'inculpé : en premier lieu, il a ordonné la
mise en liberté immédiate de l'individu contre lequel on ne relève pas de charges suffisantes (article 128), et ceci s'explique très bien : il eût été injuste de laisser quelqu'un en prison sous prétexte
que l'on n'avait encore aucune preuve contre lui,
mais que l'on pourrait en avoir par la suite ; ce
régime eût été celui du bon plaisir, il fallait l'écarter définitivement. L'article 129 décide ensuite que
si le magistrat instructeur est d'avis que le fait ne
constitue qu'une contravention de police, il doit
également faire mettre l'inculpé en liberté s'il est
arrêté ; cette disposition est encore très logique :
on ne comprendrait pas qu'un individu qui ne sera

condamné qu'à une amende passe, en attendant, de longues journées sous les verrous. Notons enfin que le législateur a décidé que quand la détention préventive pourrait être infligée, dans quelques cas la liberté provisoire serait de droit moyennant certaines conditions, et possible dans toutes les autres hypothèses.

89. AUTORITÉS QUI L'ORDONNENT. — Quand la détention préventive est possible, tout le monde n'est pas qualifié pour l'ordonner. Ici encore des précautions ont été prises contre les détentions arbitraires. Dans le cas de flagrant délit, le procureur de la République peut faire détenir l'inculpé, mais sous certaines conditions que nous examinerons plus tard. Dans le cas normal, c'est le juge d'instruction qui la prononce ; quand il s'agit d'un crime, c'est la chambre d'accusation si l'inculpé n'a pas déjà fait l'objet d'un mandat de dépôt ou d'arrêt décerné par le juge d'instruction. Mais dans tous les cas une surveillance est organisée sur les magistrats qui tiennent ainsi dans leurs mains la liberté de leurs concitoyens ; c'est la chambre d'accusation qui a la haute main sur la détention préventive. Ceci résulte très explicitement de l'article 9 et de l'article 229 § 2 qui prévoit une opposition à une ordonnance du juge d'instruction, opposition jugée par la cour représentée par la chambre d'accusation.

90. AMÉLIORATIONS APPORTÉES PAR LA LOI DE 1909.

— Malgré tout, la détention préventive est une mesure très grave, et l'on s'est demandé si la loi de 1865 suffisait pour la garantie de la liberté individuelle. L'article 206 ordonne la mise en liberté immédiate du prévenu en cas d'acquittement ; ne pourrait-on l'étendre ? C'est ce qu'a fait la loi du 13 juillet 1909, qui a remanié cet article et en a donné la rédaction suivante : « Seront, nonobstant appel, mis en liberté immédiatement après le jugement, le prévenu qui aura été acquitté ou condamné soit à l'emprisonnement avec sursis, soit à l'amende, et, aussitôt après l'accomplissement de sa peine, le prévenu condamné à une peine d'emprisonnement qui se trouvera accomplie avant l'expiration du délai d'appel du procureur général. » Ce nouvel article 206 donne au juge du premier degré une autorité plus considérable : il décide que le condamné avec sursis, le condamné à une amende ou à une peine d'emprisonnement absorbée par l'imputation de la détention préventive seront mis en liberté immédiatement. Mais le ministère public peut faire appel à minima et la condamnation peut être augmentée, aussi cette mise en liberté peut-elle n'être que provisoire ; pourtant elle est accordée nonobstant appel ; c'est un grand progrès que la loi de 1909 a ainsi réalisé vers la garantie de la liberté individuelle ; nous ne pouvons que nous en féliciter.

§ 1er. — DE LA DÉTENTION PRÉVENTIVE PENDANT L'INSTRUCTION PRÉPARATOIRE

91. QUI L'ORDONNE, ET DANS QUELLES CONDITIONS.— Quand la police découvre un délit, elle le signale au procureur de la République, et lui désigne l'individu soupçonné. Le procureur de la République dépose un réquisitoire sur lequel le juge d'instruction rend une ordonnance de soit informé par laquelle il se déclare saisi. C'est donc lui qui procède à l'instruction préparatoire et qui peut prendre à l'égard du prévenu telles mesures qu'il juge utiles.

92. Pour cela, le juge d'instruction dispose de quatre mandats qu'il peut décerner contre le prévenu :

93. Le mandat de comparution, employé généralement dans les cas peu graves, par lequel le prévenu est convoqué pour être interrogé.

94. Le mandat d'amener, par lequel le juge d'instruction fait conduire le prévenu devant lui par la force. Ce mandat est obligatoire quand l'inculpé, qui a déjà fait l'objet d'un mandat de comparution, ne s'est pas présenté, et cela sans excuse valable ; sinon il est facultatif. Le prévenu qui aura fait l'objet d'un mandat d'amener devra être interrogé de suite, ou dans les vingt-quatre heures, au plus tard, de son entrée dans la maison de dépôt ou d'arrêt. Ainsi ce prévenu peut être emprisonné pendant un jour complet ; sera-t-il pendant ce temps en état de détention préventive ? Faus-

tin Hélie admet l'affirmative : « ... on ne doit employer à son égard que le mandat de comparution (et non le mandat d'amener), car il serait contradictoire, quand la loi ordonne son élargissement presque immédiatement après son interrogatoire, de le placer en état de détention avant même cet interrogatoire... » (1). M. Garraud professe la même opinion : « ... tandis que le mandat de comparution n'emporte aucune mesure de détention, le mandat d'amener emporte voie de contrainte au besoin, et mesure de détention de courte durée. » (2) Pourtant, nous croyons qu'il ne faut pas attribuer à cette garde un tel caractère de gravité, puisque le mandat d'amener peut être décerné même contre un témoin. Nous nous rangeons ainsi à l'opinion de M. Laborde : « ... il est impossible de confondre l'arrestation provisoire qu'autorise le mandat d'amener avec la détention préventive. » (3) C'est également l'avis de Duverger : « le juge d'instruction... est-il obligé de profiter du délai de vingt-quatre heures que la loi lui accorde, il faudra distinguer quant aux mesures à prendre à l'égard du prévenu pour assurer sa garde. » (4)

---

(1) F. Hélie, Traité de l'instruction criminelle, IV, p. 621, n° 1957.

(2) Garraud, Précis de droit criminel, 2ᵉ édition, p 604, n° 468.

(3) Laborde, Cours de droit criminel, p. 590, n° 879.

(4) Duverger, Manuel des juges d'instruction, II, p. 380, n° 414.

95. Ainsi, quand le juge d'instruction ne décerne que l'un de ces deux mandats, l'inculpé reste libre et c'est dans cet état qu'il se présente pour son premier interrogatoire. Au contraire, s'il est décerné un mandat de dépôt ou un mandat d'arrêt, l'inculpé est constitué en état de détention préventive. Cet effet résulte aussi bien de l'un que de l'autre de ces deux mandats qui se ressemblent encore d'ailleurs en ce qu'ils sont facultatifs pour le juge d'instruction et que leur mainlevée s'opère de la même façon. Mais il existe entre eux des différences : le mandat d'arrêt doit être motivé et ne peut être décerné que sur les conclusions du procureur de la République, tandis que le mandat de dépôt est un simple ordre de détenir telle personne dans la maison d'arrêt ; en second lieu, celui qui exécute un mandat d'arrêt perçoit un droit de capture qui n'existe pas dans le cas de mandat de dépôt ; enfin, le mandat d'arrêt, mais non celui de dépôt, fixe le rang du privilège du trésor pour le recouvrement des frais de poursuite.

96. A quel moment de la procédure le juge d'instruction peut-il décerner le mandat de dépôt ou le mandat d'arrêt. — Quand il s'agit d'un crime, à n'importe quel moment de la procédure le juge d'instruction peut faire mettre l'inculpé en prison préventive ; et si la mise en liberté provisoire a été accordée, cette mesure est essentiellement révocable, et le juge peut toujours, si les circonstances lui paraissent l'exiger, décerner contre

l'inculpé un second mandat de dépôt ou d'arrêt suivant les cas.

97. Quand il s'agit d'un délit, plusieurs hypothèses peuvent se présenter : si la détention préventive est absolument écartée par la loi, l'inculpé ne peut être mis sous les verrous, sinon il y aurait détention arbitraire. Si, au contraire, nous nous trouvons dans le cas prévu par l'article 113 § 2 du Code d'instruction criminelle, la détention préventive est admise pour une durée maxima de cinq jours ; le législateur a pensé que le magistrat instructeur pouvait avoir besoin de la présence pour ainsi dire constante de l'inculpé dans le début de l'instruction ; c'est un délai de cinq jours effectivement employés à l'affaire qui a été accordé ; ce délai part donc du premier interrogatoire de l'inculpé quand la détention préventive a été réalisée par un mandat de dépôt décerné après interrogatoire ; si au contraire c'est un mandat d'arrêt qui a été décerné, le délai part du lendemain de l'arrivée de l'inculpé au lieu où il sera interrogé. Cette durée de cinq jours prévue par l'article 113 est un maximum : si le juge d'instruction n'a besoin que de trois jours par exemple, il doit mettre l'inculpé en liberté au bout de trois jours. Dans tous les autres cas, la question de savoir si la détention préventive sera employée, et à quel moment elle le sera, est laissée entièrement à l'appréciation du juge d'instruction.

98. DÉTENTION PRÉVENTIVE ORDONNÉE PAR LA CHAM-

BRE DES MISES EN ACCUSATION. — Quand l'instruction porte sur un crime, l'article 133 I. C. décide
que le juge d'instruction « ... ordonnera que les
pièces d'instruction, le procès-verbal constatant le
corps du délit, et un état des pièces servant à con-
viction, soient transmis, sans délai, par le procureur de la République au procureur général près
la cour d'appel, pour être procédé... ». La Chambre
des mises en accusation procède ainsi à l'instruction préparatoire et peut prendre, à l'égard de
l'inculpé, des décisions différentes suivant les cas :
si elle ne trouve pas des indices suffisants de culpabilité, elle rend un arrêt de non-lieu, et l'inculpé est mis en liberté sur-le-champ, s'il était détenu
(article 229 I. C.) ; si elle estime qu'il n'y a qu'un
délit ou une contravention, elle renvoie l'inculpé
devant le tribunal correctionnel ou celui de simple
police, et dans le dernier cas, ordonne sa mise en
liberté (article 230 I. C.). Mais « si le fait est qualifié crime par la loi, et que la cour trouve des
charges suffisantes pour motiver la mise en accusation, elle ordonnera le renvoi de l'inculpé aux
assises » (article 231 I. C.). C'est alors que la
Chambre des mises en accusation constitue l'inculpé en état de détention préventive, par l'ordonnance de prise de corps, insérée dans l'arrêt de mise en accusation (article 232 et 233 I. C.). On a
craint que la gravité de la peine encourue ne pous-
sât irrésistiblement l'inculpé à fuir, aussi cette détention est-elle obligatoire.

99. Réglementation du pouvoir d'ordonner la détention préventive, et voies de recours contre les décisions qui l'ordonnent. — Mais le pouvoir ainsi accordé aux juridictions d'instruction, surtout au juge d'instruction qui est seul à apprécier l'utilité des décisions à prendre, est très dangereux pour la liberté individuelle ; aussi a-t-il été réglementé de façon à éviter les abus. Les nombreuses lois qui se sont succédé depuis 1789 ne peuvent pas avoir abouti en 1865 à rétablir l'arbitraire antérieur. C'est cette réglementation que nous nous proposons maintenant d'étudier. La loi a édicté certaines règles que nous examinerons tout d'abord ; mais, sauf pour quelques cas nettement déterminés, elle a laissé au juge d'instruction une très grande liberté d'appréciation ; aussi a-t-elle dû ouvrir une voie de recours contre ses décisions : c'est l'opposition, qui est portée devant la Chambre des mises en accusation. Les décisions de cette Chambre sont elles-mêmes susceptibles du pourvoi en cassation ; mais nous ne nous en occuperons que dans le paragraphe suivant, en étudiant les événements qui peuvent se produire entre la clôture de l'instruction et la comparution de l'inculpé à l'audience.

100. L'article 91 du Code d'instruction criminelle pose d'abord une règle générale : « En matière criminelle ou correctionnelle, le juge d'instruction pourra ne décerner qu'un mandat de comparution... » Ainsi la mise en prison préventive est toujours facultative pour le juge d'instruction ;

même au cas de crime, il peut ne pas l'ordonner.
Mais la liberté provisoire n'est pas toujours un
droit pour l'inculpé : en matière criminelle, le juge
d'instruction peut toujours mettre l'inculpé en
état de détention préventive, et en matière correctionnelle, la mise en liberté provisoire n'est de
droit que : « ... cinq jours après l'interrogatoire,
en faveur du prévenu domicilié, quand le maximum de la peine prononcée par la loi sera inférieur à deux ans d'emprisonnement. » (article
113 § 2 I. C.) Et encore faut-il que le prévenu n'ait
pas de condamnation antérieure pour crime, ou à
plus d'un ans d'emprisonnement pour délit. De
même, d'après l'article 131 : « si le délit ne doit
pas entraîner la peine de l'emprisonnement, le prévenu sera mis en liberté, à la charge de se représenter à jour fixe devant le tribunal compétent. »
Quoique cet article se trouve dans le chapitre intitulé : *des ordonnances du juge d'instruction
quand la procédure est complète*, il est logique de
prétendre que si, dès le début de l'instruction, on
reconnaît être en présence d'un cas visé par l'article 131, l'inculpé ne doit pas être détenu préventivement. Enfin, un troisième cas, où la liberté provisoire est de droit, est prévu par l'article 49 de
la loi du 29 juillet 1881 sur la liberté de la presse :
« ... si le prévenu est domicilié en France, il ne
pourra être préventivement arrêté, sauf dans les
cas prévus aux articles 23, 24 § 1 et 3, et 25 ci-des-

sus. » (1). (article 49 § 3). Dans tous ces cas, où la mise en liberté provisoire est de droit l'inculpé ne peut être tenu de fournir un cautionnement ; mais dans les autres cas, c'est-à-dire quand la mise en liberté est simplement possible, elle peut n'être accordée que moyennant un cautionnement (article 114) consistant en espèces ou résultant de l'engagement d'un tiers solvable (article 120) ; mais la rédaction de l'article 114 : « ... *pourra*... être subordonnée à l'obligation de fournir un cautionnement... » montre bien que dans tous les cas la liberté provisoire peut être accordée au prévenu, même sur parole.

101. Il est curieux de remarquer ici le progrès réalisé depuis le projet primitif du Code d'instruction criminelle : celui-ci décidait que la mise en liberté provisoire ne constituait jamais un droit pour le prisonnier ; et quand on l'accordait, c'était une faveur qui coûtait fort cher, puisqu'il fallait verser un cautionnement de 500 francs. Cette disposition du Code de 1808 fut abrogée par la loi du 4 avril 1855, qui modifiait l'article 94 et décidait que pendant l'instruction, le juge d'instruction pouvait, « sur les conclusions conformes du procureur impérial, et quelle que fût la nature de l'inculpation, donner mainlevée de tout mandat de

____

(1) Les art. 23, 24, § 1 et 3 et 25 visent le cas où un crime aura été commis ou tenté à la suite d'une provocation par la voie de la presse. Les provocateurs sont alors punis comme complices.

dépôt... » (art. 94). C'était déjà moins mal qu'en
1808 ; mais cette liberté provisoire constituait encore une faveur et dépendait de l'accord des deux
Cette loi de 1865 est-elle suffisante, nous ne le
magistrats qui font et dirigent l'instruction. Ce
n'était pas encore assez, et la loi du 14 juillet 1865
décide que la liberté provisoire, sans caution, constituera dans certains cas un droit pour l'inculpé.
croyons pas ; nous aurons, du reste, l'occasion de
revenir sur ce point. Disons seulement pour l'ins-
tant, qu'elle ne vise que quelques cas spéciaux, en
dehors desquels le législateur a laissé le juge d'in-
truction libre d'agir comme bon lui semblerait.
Supposons alors un individu qui a été l'objet d'un
mandat de dépôt ou d'arrêt, et qui est, par conséquent, en état de détention préventive ; quelles
voies de recours a-t-il contre la décision qui a prononcé son emprisonnement ?

102. Notons d'abord que l'article 94, § 3, I. C.,
prévoit que le juge d'instruction peut donner d'office mainlevée du mandat de dépôt ou d'arrêt ; et
le § 4 ajoute que l'ordonnance de mainlevée ne
peut être attaquée que par voie d'opposition ; mais
en fait, cette ordonnance est inattaquable, car l'opposition n'est ouverte qu'au ministère public, et
pour éviter qu'elle se produise, le § 3 décide que
le juge d'instruction donnera mainlevée sur les
conclusions du procureur de la République.

103. Mais ce n'est là qu'un cas spécial ; normalement, c'est l'inculpé qui demande lui-même sa

mise en liberté provisoire. Et ici nous devons distinguer deux hypothèses :

104. Envisageons, en premier lieu, le cas prévu
par l'article 113, § 2. Quand le Code dit que la mise
en liberté est de droit, cela ne signifie pas que le
juge d'instruction est tenu de l'accorder d'office :
la liberté est de droit, mais non de *plein* droit ; le
prévenu déposera sa demande, le ministère public
pourra la contester, et c'est le prévenu qui devra
faire la preuve qu'il est bien dans les conditions
voulues.

S'il en est ainsi, le juge d'instruction ne peut ni
refuser la liberté provisoire, ni la subordonner à
un cautionnement : « Le pouvoir du juge d'instruction est, dans ce cas, soumis à une double limi-
tation : d'une part, il n'aurait pas la faculté de refuser la liberté provisoire ; de l'autre, il n'aurait
pas celle d'exiger un cautionnement. » (1)

105. Cette disposition, qui établit pour une certaine catégorie d'inculpés le droit à la liberté provisoire, prête largement le flanc à la critique : d'a-
bord, c'est pour ainsi dire un trompe-l'œil ; c'est
une réforme non pas libérale, mais qui a l'air de
l'être : elle institue la liberté provisoire de droit,
mais elle la restreint beaucoup trop en exigeant
que le maximum de la peine encourue soit inférieur à deux ans de prison. En effet, en matière
correctionnelle, « la durée de l'emprisonnement

---

(1) Garraud, *op. cit.*, p. 611, n° 486

sera au moins de six jours, *et de cinq années au plus* ; sauf les cas de récidive ou autres où la loi aura déterminé d'autres limites. » (art. 40, § 2, C. Pén.). Les cas où la peine encourue est inférieure à cinq ans sont donc l'exception, et parmi ceux-ci, la plupart prévoient un maximum de deux ans. L'article 113, § 2, est donc rarement applicable, et bien peu libéral à l'égard des inculpés qui, somme toute, sont présumés innocents. Une réforme a été proposée en 1908 par M. Cruppi ; il était question d'étendre l'application de cet article au cas où la peine encourue *ne dépasserait pas* deux ans ; le nombre des inculpés qui auraient bénéficié de la liberté provisoire de droit aurait été considérablement augmenté.

106. Mais ce n'est pas la seule critique que l'on puisse faire à l'article 113 : il est aussi mal rédigé. Le paragraphe 3 est ainsi conçu : «La disposition qui précède ne s'appliquera ni aux prévenus déjà condamnés pour crime, ni à ceux déjà condamnés à un emprisonnement de plus d'une année. » Ce paragraphe exclut avec raison les récidivistes du bénéfice de l'art. 113 ; mais il s'exprime mal : les mots « condamnés pour crime » visent la récidive criminelle ; or, avec l'application de l'article 463 C. Pén., on peut être condamné pour crime à l'emprisonnement et ainsi n'avoir pas le premier terme de la récidive criminelle ; il serait donc plus correct de dire « condamné à une peine afflictive ou infamante ». Quant à la récidive correctionnelle, elle soulève une controverse : depuis que

la loi de 1865 a modifié l'article 113 I. C., l'article
58 C. Pén. sur la récidive a été modifié aussi : la
récidive correctionnelle n'existait que si la première condamnation était supérieure à un an de
prison ; la loi du 26 mars 1891 a qualifié de récidivistes des inculpés déjà condamnés à une peine
d'emprisonnement inférieure à un an, et a édicté
pour eux une aggravation de peine. Cette loi de
1891 ne doit-elle pas influer sur celle de 1865, et
ne faudrait-il pas modifier la dernière disposition
de l'article 113, § 3 ?

107. Le législateur a répondu à toutes ces questions dans le projet de loi déjà voté au Sénat le 12
mars 1909. Le nouvel article 113 disposera, en
effet : « Aucun inculpé, après son premier interrogatoire devant le juge d'instruction, ne peut être
maintenu en détention s'il a un domicile certain, et
si la peine encourue n'excède pas deux ans d'emprisonnement. La disposition qui précède ne s'appliquera ni aux inculpés déjà condamnés pour crimes, ni à ceux qui ont été condamnés à plus de six
mois sans sursis. » Ce libellé adopte la proposition Cruppi ; mais il emploie encore la terminologie défectueuse « condamné pour crimes » ; enfin, il tient compte de la petite récidive correctionnelle organisée par la loi de 1891 et abaisse à six
mois le taux exigé, pour qu'une peine précédente
s'oppose à l'application de l'article.

108. Pourtant, cette rédaction n'est pas pleine-
ment satisfaisante ; la proposition Cruppi n'est
pas encore assez libérale : la liberté provisoire

devrait être accordée quelle que soit la peine encourue ; quant à la dernière disposition, nous se-
rions d'avis de la modifier et de ramener à trois
mois au lieu de six le taux exigé pour la première
condamnation. Nous adopterions, par conséquent,
la rédaction suivante proposée par M. Laborde :
« En matière correctionnelle, aucun inculpé, après
son premier interrogatoire devant le juge d'instruction, et dans tous les cas vingt-quatre heures
après son entrée dans la maison d'arrêt ou de dépôt, ne peut être mis ou maintenu en détention préventive, s'il a sur le territoire français un domicile
de fait ou de droit.

» La disposition qui précède ne s'appliquera
pas aux inculpés déjà condamnés pour crime ou
délit de droit commun, soit à une peine afflictive,
soit à un emprisonnement de plus de trois mois
sans sursis. » (1)

109. Mais ce premier cas est exceptionnel ; en
général, la mise en liberté provisoire est une faveur
que l'inculpé demande, mais qui peut lui être refusée. Cette faveur a été bien vue par le législateur de 1865 qui a organisé une procédure très rapide et très simplifiée : l'inculpé fait parvenir une
requête au greffe de la juridiction compétente.
Pendant l'instruction préparatoire, c'est donc au
juge d'instruction qu'il faut s'adresser. Celui-ci,

---

(1) Lois nouvelles 1909, 2ᵉ partie, p. 168. Voy. aussi
infra, chap. V, § 11, Examen critique du projet de loi de
1909.

faisant alors acte de juridiction, ne pourra se
prononcer que contradictoirement avec le ministère public et la partie civile s'il y en a une ; mais,
pas plus ici que devant une juridiction de jugement, les conclusions du ministère public ne lient
le juge. Il est bon de rapprocher de cette hypothèse celle que nous avons envisagée précédemment (voir n° 93). En réalité, il n'y a guère entre
ces deux situations qu'une différence de terminologie, car le juge d'instruction, bien qu'étant en
principe absolument libre, se conforme en fait le
plus souvent, pour ne pas dire toujours, aux conclusions du ministère public. Et l'on arrive à ce
résultat particulièrement invraisemblable : devant
le juge d'instruction, il y a deux adversaires, l'inculpé et le ministère public ; la liberté du premier
est placée entre les mains du second. Une réforme
s'impose donc sur ce point, qui donne trop de prise
à l'arbitraire du juge d'instruction et du ministère public.

110. L'ordonnance du juge d'instruction, qu'elle
admette ou rejette la demande de l'inculpé, est susceptible d'une voie de recours : l'opposition, réglée
en la matière par la loi du 17 juillet 1856 (art. 135,
I. C.). Le délai est seulement de vingt-quatre heures, et court : contre le procureur de la République, du jour de l'ordonnance ; contre la partie civile, du jour de la signification faite à son domicile d'élection dans le lieu où siège le tribunal ;
contre le prévenu, à compter de la communication
qui lui est donnée par le greffier.

111. L'autorité compétente pour statuer sur l'opposition est la chambre des mises en accusation ; elle devra statuer toute affaire cessante. Jusqu'à ce que la décision de cette chambre soit rendue, ou tout au moins jusqu'à ce que le délai d'opposition soit écoulé, le prévenu restera détenu. Pourtant, quand c'est le procureur général qui fait opposition, le délai à lui accordé est de dix jours, à compter du moment où l'ordonnance est rendue ; mais alors ladite ordonnance, qui prononce la mise en liberté du détenu est exécutée provisoirement.

112. Quand l'inculpé est élargi, il doit, conformément à l'article 113, « prendre l'engagement de se représenter à tous les actes de la procédure et pour l'exécution du jugement, aussitôt· qu'il en sera requis ». De plus, l'article 121, § 3, décide que, préalablement à la mise en liberté avec ou sans cautionnement, le demandeur devra, par acte reçu au greffe, élire domicile, s'il est inculpé, dans le lieu où siège le juge d'instruction ; s'il est prévenu ou accusé, dans celui où siège la juridiction saisie du fond de l'affaire.

113. Le juge d'instruction sera également compétent pour décider s'il y a lieu d'appliquer l'article 114 et d'exiger un cautionnement. Celui-ci peut consister en une somme d'argent, et alors l'ordonnance de mise en liberté ne s'effectuera que sur le vu de l'acte de soumission reçu au greffe (art. 121). Quand le cautionnement consiste en une somme d'argent, il se divise en deux parties : l'une garantit la représentation de l'inculpé à tous les

actes de la procédure et pour l'exécution du juge-
gement ; elle lui est rendue s'il ne fait jamais défaut. L'autre garantit le paiement des frais et
amendes au cas de condamnation ; elle est également restituée quand il y a acquittement, absolu-
tion, ou renvoi des poursuites (art. 122, 123 I. C.).

114. Les demandes de mise en liberté provisoire,
les ordonnances statuant sur ces demandes, ne sont
que des incidents de la procédure de l'instruction
préparatoire ; pendant qu'ils se produisent, le juge
d'instruction a recueilli les renseignements utiles,
entendu les témoins, en un mot, il a constitué le
dossier, mis l'affaire en état. Il rend alors une ordonnance de soit communiqué, en vertu de laquelle
il transmet le dossier au ministère public qui le lui
renvoie avec ses conclusions. A ce moment, le juge
d'instruction rend soit une ordonnance de non-lieu,
soit une ordonnance de renvoi devant une juridiction de jugement. A partir de ce moment jusqu'à
la comparution à l'audience, il s'écoulera plusieurs
jours pendant lesquels certains événements peuvent se produire. C'est cette période que nous allons étudier maintenant.

§ II. — LA DÉTENTION PRÉVENTIVE DEPUIS LA CLO-
TURE DE L'INSTRUCTION PRÉPARATOIRE JUSQU'A LA
COMPARUTION DE L'INCULPÉ A L'AUDIENCE

115. L'ordonnance par laquelle le juge d'instruction clôture l'instruction préparatoire est susceptible d'opposition et la Chambre d'accusation

est compétente pour statuer sur ce recours ; mais nous ne nous étendrons pas sur ce sujet que nous avons déjà eu l'occasion de traiter (1). Nous nous placerons simplement dans l'hypothèse où l'instruction préparatoire a été faite, ou tout au moins clôturée par la chambre des mises en accusation qui a rendu un arrêt de renvoi devant la Cour d'assises. L'inculpé est alors en état de détention préventive par l'effet de l'ordonnance de prise de corps.

116. L'INCULPÉ PEUT-IL DEMANDER ET OBTENIR D'ÊTRE LAISSÉ EN LIBERTÉ PROVISOIRE ? — Quand le juge d'instruction s'aperçoit que le fait reproché à l'inculpé constitue un crime, il rend une ordonnance de transmission par laquelle il se dessaisit de l'affaire au profit de la chambre d'accusation. Celle-ci est, dès lors, investie de tout pouvoir en ce qui concerne la détention préventive et la liberté provisoire : elle peut élargir l'inculpé auquel le juge d'instruction aurait jusque-là refusé cette faveur, ou au contraire décerner un mandat de dépôt ou d'arrêt si l'inculpé avait été laissé en liberté. Mais quand l'instruction se termine par un arrêt de renvoi devant la Cour d'assises, contenant ordonnance de prise de corps, l'inculpé peut-il encore prétendre à la liberté provisoire ? En principe, « la détention préventive qui suit l'ordonnance de

---

(1) Voy. *suprà*, nᵒˢ 110 et 111.

prise de corps a un caractère définitif, car elle ne peut plus être suspendue par la liberté provisoire » (1), mais en pratique, l'inculpé arrive, même dans ce cas, à obtenir son élargissement : si un pourvoi en cassation est formé contre l'arrêt de la Chambre d'accusation qui renvoie l'inculpé devant la cour d'assises, l'exécution de cet arrêt est suspendue ; le pourvoi en cassation, dans les conditions indiquées, a donc pour effet secondaire de laisser durer la liberté provisoire, ou de permettre de l'accorder si l'inculpé est détenu, en suspendant l'exécution de l'arrêt de renvoi. Et à ce point de vue, la jurisprudence est constante depuis fort longtemps : voici d'abord un arrêt de la Cour de cassation, chambre criminelle, très motivé, et dont nous ne donnerons que le sommaire : « Même après la signification de l'arrêt qui le renvoie devant la Cour d'assises, l'accusé peut encore, s'il forme un recours, obtenir d'être laissé en liberté provisoire pendant l'instance engagée par son pourvoi en cassation. — La demande formée à cet effet par l'accusé est de la compétence de la chambre des mises en accusation. — Mais la mise en liberté provisoire ne pouvant, en pareil cas, avoir d'autre objet que de dispenser l'accusé de l'obligation de la mise en état, la chambre d'accusation n'a le pouvoir de l'accorder que jusqu'à ce qu'il ait été statué sur le pourvoi, dont le rejet amène nécessairement

____

(1) Laborde, *op. cil.*, p. 595, n° 886.

l'exécution immédiate de l'ordonnance de prise de corps décernée contre l'accusé. — Et c'est dans ces limites seulement qu'une chambre d'accusation saisie d'une telle demande est réputée avoir accordé à l'accusé sa mise en liberté provisoire, encore que le dispositif de son arrêt ne s'en expliquerait pas, si elle a visé dans les motifs dudit arrêt, en des termes impliquant qu'elle n'entend pas le contredire, l'article 126 nouveau du Code d'instruction criminelle, qui assigne pour terme à la liberté provisoire l'époque où l'ordonnance de prise de corps, devenue définitive, doit être mise à exécution. » (1)

117. Deux situations sont à envisager ici : ou bien l'inculpé est encore en liberté provisoire, l'ordonnance de prise de corps n'ayant pas été exécutée, et elle ne peut l'être tant que le délai du pourvoi n'est pas écoulé ; ou bien l'inculpé qui se pourvoit en cassation était déjà en état de détention préventive au moment où l'arrêt a été rendu.

118. Le premier cas est prévu par l'arrêt précité qui décide que si les accusés ont déjà été mis en liberté provisoire, par le juge d'instruction, ils n'ont pas besoin de former une nouvelle demande pour être libres. C'est également l'opinion émise par Faustin Hélie : « ... et si les accusés de faits qualifiés crimes ont obtenu précédemment leur mise en liberté provisoire avec ou sans caution, ils con-

____

(1) Cr. r. 23 avril 1868. — D. P., 68-1-409-410.

tinuent d'en jouir jusqu'à ce qu'il ait été statué
sur le pourvoi, puisque, jusque-là, l'arrêt de renvoi
n'est pas exécutoire. » (1)

119. Une question qui se pose est celle-ci : l'arrêt de renvoi n'est pas exécutoire pendant le délai
du pourvoi ; quel est ce délai ? La question est encore controversée : Faustin Hélie décide qu'il faut
appliquer ici l'article 373 qui fixe à trois jours ce
délai : « Il y a lieu de remarquer... 4° que le pourvoi
en cassation, dans les cas où il est admis, doit être
formé dans les délais prescrits par l'article 373,
puisque l'article 119 n'y a apporté aucune dérogation. » (2) Ortolan est du même avis (3). Et pourtant, il nous semble préférable d'adopter l'opinion
contraire, qui s'appuie sur des documents législatifs d'une importance incontestable : l'exposé des
motifs de la loi de 1865 : «... Quel sera le délai quand
il s'agira de déférer... à la Cour de cassation la décision d'une juridiction supérieure ? Selon la jurisprudence... ce serait trois jours, ou le délai ordinaire du pourvoi (art. 373). Il n'était guère possible
de décider autrement dans le silence de la loi. Notre disposition fera cesser une diversité regrettable, en établissant le même délai de vingt-quatre
heures devant toutes les juridictions. » (3) Et le

---

(1) F. Hélie, *op. cit.*, t. V, p. 460, n° 2.311.
(2) F. Hélie, *op. cit.*, t. IV, p. 700, n° 2.004.
(3) Ortolan, Éléments de droit pénal, t. II, p. 653,
n° 2.355.
(4) Exposé des motifs, n° 17, D. P. 65-4-148.

rapport de M. Mathieu, à propos de la même loi :
« Les articles 118 et 119 organisent la forme et les
délais de la demande en liberté provisoire et des
recours qui s'y rattachent, de manière à imprimer
à cette procédure spéciale une rapidité nécessaire,
sans compromettre aucun des intérêts qui y sont
engagés. » (1) C'est cette opinion que professe M.
Laborde : «...Nous pensons qu'il faut étendre le
délai de vingt-quatre heures à toutes les voies de
recours. L'exposé des motifs de la loi de 1865 le
dit expressément, et le rapport l'implique. Si le
texte vise uniquement l'opposition et l'appel, et
les parties en cause, c'est qu'il statue sur le *quod
plerumque fit.* » (2)

120. Si l'inculpé est déjà en état de détention préventive au moment où l'ordonnance de prise de
corps est rendue, il peut encore demander et obtenir d'être mis en liberté provisoire, s'il forme un
pourvoi en cassation contre l'arrêt de renvoi : en
effet, la détention préventive qui résulte de l'ordonnance de prise de corps est bien définitive, mais
elle ne peut avoir ce caractère que quand l'arrêt de
renvoi est devenu définitif ; et même si l'ordonnance avait été exécutée, sa validité serait remise
en question par le pourvoi, et l'inculpé pourrait,
sur sa demande, être mis en liberté provisoire.

121. Depuis l'arrêt de la chambre criminelle,

---

(1) Loi du 14 juillet 1865. Rapport n° 28, D. P. 65 4-156.
(2) Laborde, *op. cit.*, p. 603, n° 899. Dutruc s'est rallié à
cette opinion : Code de la détention préventive (79).

mentionné ci-dessus (1), arrêt important parce qu'il
montre comment la Cour de cassation a interprété pour la première fois la loi de 1865, la jurisprudence n'a pas varié (8 juin 1872. D. P. 72-1-381.
— 13 juin 1872. D. P. 72-1-157, etc...) ; en 1891, un
arrêt de la Cour de Dijon dit : « La Cour ; attendu
que X... et la veuve Z... se sont pourvus en cassation contre l'arrêt de la chambre des mises en accusation, et qu'ensuite, le même jour, ils ont formé,
devant cette chambre, une demande de mise en liberté provisoire, après avoir élu domicile au greffe
de la Cour d'appel de Dijon... ; attendu que la liberté provisoire peut être demandée en tout état
de cause, et que la chambre d'accusation est compétente pour statuer sur ces sortes de demandes
alors même qu'elle a rendu un arrêt de renvoi devant la Cour d'assises, si cet arrêt a été frappé
d'un pourvoi en cassation et tant que la Cour de
cassation n'a pas statué sur ce pourvoi ; que, dans
ce cas, le recours en cassation a pour effet de suspendre l'exécution de l'arrêt de la chambre d'accusation ; que, par suite, l'accusé peut encore demander à cette chambre sa mise en liberté provisoire,
après avoir élu domicile au lieu où siège la juridiction saisie du fond de l'affaire... ; par ces motifs,
ordonne la mise en liberté provisoire sans caution
des accusés X... et veuve Z... » (2)

____

(1) Voy. *suprà*, n° 116.
(2) Dijon, 12 août 1891, D. 92-2-388. Nous laissons
momentanément de côté plusieurs des motifs de cet

122. Ainsi la détention préventive résultant de l'ordonnance de prise de corps est définitive en principe, mais n'acquiert ce caractère que quand l'arrêt de renvoi, dont l'ordonnance de prise de corps est l'accessoire, est passé en force de chose jugée. Nous avons dès lors examiné l'instruction préparatoire et les événements qui peuvent se produire après sa clôture ; nous allons suivre l'inculpé devant la juridiction de jugement.

§ III. — La détention préventive
depuis la comparution a l'audience, jusqu'au prononcé du jugement

123. Il semble que lorsque l'inculpé se présente devant le tribunal, celui-ci n'ait qu'à prendre connaissance du dossier constitué par le magistrat instructeur, écouter le réquisitoire et les plaidoiries et rendre le jugement. Il n'en est pas toujours ainsi ; le tribunal peut avoir d'autres décisions accessoires à prononcer. Ces décisions ont un but opposé suivant que le prévenu se présente en état de détention préventive ou de liberté provisoire.

A. *Prévenu en état de détention préventive*

124. La question qui se pose est celle-ci : le tribunal peut-il lui accorder la liberté provisoire ?

______

arrêt ; nous les étudierons dans le paragraphe suivant où ils seront mieux à leur place.

Cette question est résolue par l'art. 116 (I. C.), qui décide que la mise en liberté provisoire peut être demandée en tout état de cause. Par conséquent, l'inculpé qui se présente détenu à l'audience peut encore demander à être mis en liberté, et sa demande peut être accueillie ; l'article 116 pose également un principe général pour établir la compétence : il décide que c'est la juridiction, saisie du fond de l'affaire au moment de la demande, qui a pouvoir pour statuer sur cette demande. L'inculpé renvoyé devant le tribunal correctionnel déposera donc une requête au greffe de ce tribunal pour demander son élargissement, et le tribunal décidera. Mais, en général, cette demande sera repoussée, bien souvent même elle ne sera pas faite, car il est à présumer que la liberté provisoire déjà refusée par le juge d'instruction ne sera pas accordée par le tribunal.

125. Deux cas pourtant peuvent se présenter où l'inculpé obtiendra facilement son élargissement :

126. D'abord quand le tribunal, ne se jugeant pas suffisamment éclairé, ou pour tout autre motif, renvoie l'affaire à une audience ultérieure. Quand il s'agit d'un simple délit et que c'est par conséquent le tribunal qui est saisi, rien ne s'oppose à l'application de l'article 116 ; mais envisageons le cas où l'inculpé, poursuivi pour crime devant la Cour d'assises, est détenu en vertu de l'ordonnance de prise de corps ; l'état de détention est obligatoire ; la loi de 1865 n'admet pas que l'individu ainsi accusé de crime puisse être mis en liberté pro-

visoire, même au cas de renvoi de l'affaire à une
autre session, et nombreux sont les arrêts qui ont
appliqué cette manière de voir (1). Dans la doctrine,
Faustin Hélie professe la même opinion : « Il y a
lieu de remarquer, en effet, que l'article 126, en
faisant cesser la liberté provisoire à l'ordonnance
de prise de corps, soumet tous les accusés à la détention, depuis cette ordonnance jusqu'à l'audience
de la Cour d'assises... de sorte que cette détention
tion préventive, qui pourra s'étendre à plusieurs
mois, réduit le bienfait de l'élargissement facultatif à la durée de l'instruction écrite. » (2)

127. Pourtant dans des cas spéciaux, les Cours
d'assises se sont parfois prononcées en sens contraire : c'est ainsi que la liberté provisoire a été accordée à un accusé qui n'avait aucun antécédent judiciaire, et dont la position commerciale et les intérêts présentaient des garanties suffisantes contre
toute tentative de sa part, de se soustraire à l'action de la justice (3) ; à un autre dont le travail
était nécessaire pour nourrir une nombreuse fa-

------

(1) Cr. c. 13 juillet 1872, D. P., 72-1-333. — Cr. r. 5 octobre 1882, D. P. 83-1-44. — Cr. r. 9 novembre 1882, D. P.
83-1-44. — C. d'ass. du Nord, 29 novembre 1871, D. P.
72-2-94. — C. d'ass. de la Seine-Inférieure 26 décembre
1871, D. P. 71-2-200.

(2) F. Hélie, *op. cit.*, t. IV, p. 684, n° 1993. — Sic Dutruc, Journal du Ministère public, 1868, art. 1113 ; 1869,
art. 1193.

(3) C. d'ass. de Saint-Denis, 8 janv. 1872, D. P. 72-2,
92, 93.

mille (1) ; à un autre qui était malade et put se
faire soigner chez lui (2) ; à un autre encore, qui,
poursuivi pour viol sur la personne de sa fiancée,
justifia du consentement de celle-ci à procéder au
mariage (3) ; à un autre enfin qui, étant en faillite,
devait à tout moment fournir au syndic de nombreux renseignements (4). Ces arrêts marquent une
tendance sérieuse qui aboutit à l'article 11 de la
loi du 8 décembre 1897 (loi Constans) ainsi conçu :
« Lorsque la Cour d'assises, saisie d'une affaire
criminelle, en prononce le renvoi à une autre session, il lui appartient de statuer sur la mise en liberté provisoire de l'accusé. » En cet état de choses, l'arrêt de la Cour de Dijon, que nous avons cité
plus haut, ne serait plus exact aujourd'hui quand
il énonce le motif suivant : « Attendu que le renvoi de l'affaire à une prochaine session nécessite
la détention préventive des demandeurs pendant
trois mois. » (5)

128. Malheureusement la Cour de cassation n'a
pas toujours compris l'esprit libéral de la loi du
8 décembre 1897 : oubliant qu'en matière pénale les

---

(1) C. d'ass. de la Somme, 15 janvier 1872, D. P. 72-2-93.

(2) C. d'ass. de la Haute-Vienne, 5 février 1872, D. P.
72-2-93, 94.

(3) C. d'ass. d'Indre-et-Loire, 11 juin 1872, D. P.
72-2-94.

(4) C. d'ass. de l'Aveyron, 11 mars 1871, D. P. 71-2-65.

(5) Dijon, 12 août 1891, D. P. 92-2-388 Voy. *supra*,
n° 121 et la note.

dispositions favorables à l'inculpé doivent s'interpréter largement, elle a donné à l'article 11 une interprétation restrictive :

« Lorsque la Cour d'assises saisie d'une affaire criminelle en prononce le renvoi à une autre session, il lui appartient de statuer sur la mise en liberté provisoire de l'accusé. »

En dehors de ces cas, l'accusé, constitué en état de détention préventive au plus tard par l'ordonnance de prise de corps, devra rester détenu jusqu'au jour du jugement. Et si le renvoi à une autre session est prononcé, non plus à l'audience de la Cour d'assises, mais avant l'ouverture de ses séances, l'accusé sera ainsi détenu trois mois de plus sans même avoir pu être entendu ; de même si la Cour d'assises, en prononçant le renvoi, oublie de statuer sur la mise en liberté provisoire, celle-ci ne pourra plus être demandée à personne une fois la session terminée.

129. Tels sont les résultats choquants auxquels conduit la jurisprudence de la Cour de cassation. Aussi M. Barthou, garde des sceaux, a-t-il institué une commission extra-parlementaire pour s'occuper de la question. Cette commission a élaboré un projet important qui a été soumis au Parlement, après avoir obtenu l'approbation du gouvernement. Voici le texte de ce projet :

« Article 1er. — Jusqu'à la comparution de l'accusé devant la Cour d'assises, la chambre des mises en accusation est autorisée, soit dans l'arrêt d'accusation, soit par un arrêt postérieur, à lui accorder le bénéfice de la liberté provisoire.

» Art. 2. — Lorsque, après la comparution de l'accusé devant la Cour d'assises, l'affaire ne se trouve pas définitivement jugée, soit qu'elle ait été renvoyée à une autre session, soit que l'arrêt ait été cassé, la mise en liberté provisoire peut encore être demandée à la chambre d'accusation qui a prononcé l'arrêt de renvoi. Il n'est point dérogé à l'article 11 de la loi du 8 décembre 1897, et la Cour d'assises conserve le droit d'accorder la mise en liberté provisoire à l'accusé par l'arrêt qui renvoie l'affaire à une autre session. » (1)

La question sera ainsi définitivement réglée sans difficulté possible d'interprétation : l'esprit de la loi de 1897 ne sera plus méconnu : la liberté provisoire pourra être accordée en tout état de cause à l'accusé, même après l'ordonnance de prise de corps, sans avoir à craindre que la Cour de cassation, n'examinant pas la question d'assez haut, ne sache pas dégager la thèse de l'hypothèse, et ne donne une interprétation restrictive à un texte qui doit s'interpréter aussi largement que possible.

130. Le second cas se présente quand le tribunal, se déclarant incompétent, renvoie le ministère public à se pourvoir devant qui de droit. Mais ici, une difficulté surgit : qui sera compétent pour statuer sur la demande de mise en liberté ? La Cour

---

(1) Revue pénitentiaire, janvier 1910, p. 134.

de cassation, statuant en règlement de juges, n'est saisie que de la question de compétence, et ne peut rendre de décision sur un autre point ; de même, on ne peut soutenir que l'inculpé puisse s'adresser à la nouvelle juridiction qui paraît compétente, car celle-ci n'est pas encore saisie ; certains auteurs, s'appuyant sur l'article 116, § 2, prétendent que l'inculpé devra déposer sa requête au greffe de la juridiction qui a statué en dernier lieu ; mais, outre que l'article 116, § 2, vise une hypothèse tout à fait particulière et ne peut servir de base à une opinion acceptable sur ce point, il est absolument inapplicable quand le tribunal s'est déclaré incompétent, car alors, à proprement parler, il n'a pas statué, et il n'a pas pouvoir pour le faire. L'opinion la plus généralement admise attribue à la chambre d'accusation le droit de statuer en pareille circonstance (1). C'est, du reste, cette opinion qui a été mise en pratique par la Cour de cassation : « Dans le cas de conflit négatif résultant de ce que le tribunal correctionnel s'est déclaré incompétent pour connaître d'une prévention renvoyée devant lui par ordonnance du juge d'instruction, la chambre d'accusation a seule pouvoir pour statuer sur une demande de mise en liberté provisoire formée par le prévenu. » (2) Nous trouvons dans le Code d'instruction criminelle annoté, de Dalloz, les raisons

---

(1) Laborde, *op. cit.*, p. 601, n° 898 et la note 3.
(2) Cr. r., 38 mai 1886, D. P., 1-91-92.

d'être de cette compétence : « Le droit pour tout prévenu de demander en tout état de cause sa mise en liberté provisoire exige virtuellement qu'une décision soit rendue, sans retard sur la demande de mise en liberté, et suppose conséquemment l'existence d'une autorité permanente chargée d'apprécier ladite demande. Or, c'est aux Cours d'appel que les articles 2 et suivants de la loi du 20 avril 1810 confèrent la plénitude de juridiction pour toutes les mesures qui touchent à l'instruction des crimes et délits. C'est donc à la chambre d'accusation, démembrement de la Cour d'appel, qu'il appartient de statuer sur les demandes de détenus qui, dans les conditions spéciales où ils se trouvent, se verraient repoussés par toutes les autres juridictions. » (1)

131. Mais il peut arriver que le prévenu se trouve dans un cas encore plus spécial : il a commis un délit que la loi punit d'une peine dont le maximum n'atteint pas deux ans de prison ; il est domicilié et n'est pas récidiviste ; pour lui, la mise en liberté est de droit cinq jours après son premier interrogatoire devant le juge d'instruction ; mais deux jours, par exemple, après cet interrogatoire, il est renvoyé en police correctionnelle et comparaît à l'audience en état de détention préventive ; le tribunal se déclare incompétent ; trois jours après, l'inculpé demande à être élargi, ce qui est un droit

---

(1) Dalloz, Code d'instruction criminelle annoté, art. 116.

pour lui, d'après l'article 113, § 2. (I. C.) ; à qui
s'adressera-t-il ? le juge d'instruction est dessaisi,
le tribunal est incompétent, la Cour de cassation ne
peut statuer que sur le règlement de juges, la juridiction réellement compétente n'est pas encore saisie ; on propose en général la même solution que
ci-dessus, pourtant ici ce n'est plus une faveur
que l'on accordera au prévenu en accueillant sa demande, la mise en liberté est de droit pour lui,
c'est une mesure ordonnée par la loi ; un arrêt de
la Cour de cassation a décidé que quand une juridiction était incompétente et n'avait par conséquent
rien à ordonner, le ministère public devait veiller
à l'application de la loi ; on a alors proposé d'é-
tendre cette solution et de décider, par argument
d'analogie, que le détenu devra s'adresser dans ce
cas au ministère public.

132. Si le tribunal se déclare compétent, mais
renvoie l'affaire à une audience ultérieure (l'inculpé se trouvant dans la situation prévue au numéro précédent, et pouvant invoquer l'article 113,
§ 2), il est compétent pour statuer sur la mise en
liberté provisoire ; mais il n'est pas tenu de le
faire d'office, car l'élargissement n'est pas *de plein
droit*, mais *de droit*, c'est-à-dire seulement qu'il
ne peut pas être refusé si une demande est formée.

133. Notons enfin que le tribunal (ou la Cour)
peut ordonner la mise en liberté provisoire de l'inculpé pendant l'audience même où l'affaire sera
entendue, pour lui permettre par exemple de con-
férer avec son défenseur. Cela se produit encore

quand l'inculpé est autorisé à présenter lui-même
sa défense ; il peut alors se mettre au banc des
avocats pour consulter plus commodément ses notes. L'ordonnance de 1670 avait prévu le cas : elle
distinguait l'interrogatoire sur la sellette et l'interrogatoire derrière le barreau.

B. *Prévenu en liberté*

134. Ici encore, nous devons faire une nouvelle
distinction : le prévenu qui se présente libre devant
le tribunal peut être dans cette situation parce que
la liberté provisoire lui a été accordée, ou parce
qu'il n'a jamais été détenu préventivement. Les mesures que l'on peut prendre contre lui ne sont pas
les mêmes :

135. *Prévenu en liberté provisoire.* — La question se pose de savoir si le tribunal peut, avant de
prononcer une condamnation, lui retirer la liberté
provisoire et le remettre en état de détention préventive.

136. Nous savons que l'article 113 subordonne la
mise en liberté à certaines obligations de la part de
l'inculpé : celui-ci doit se représenter à tous les
actes de la procédure et pour l'exécution du jugement aussitôt qu'il en sera requis. S'il ne tient pas
ses engagements, la liberté provisoire lui sera retirée : « Si, après avoir obtenu sa liberté provisoire,
l'inculpé cité ou ajourné ne comparaît pas, le juge
d'instruction, *le Tribunal ou la Cour*, selon les cas,

pourront décerner contre lui un mandat d'arrêt ou de dépôt, ou une ordonnance de prise de corps. » (Art. 125, I. C.) (1). Par application de ce principe, la Cour de Chambéry a décidé que c'était à bon droit que le tribunal avait décerné un mandat d'arrêt contre un prévenu en liberté provisoire, qui, s'étant vu refuser un sursis, avait déclaré quitter l'audience et faire défaut. Le prévenu forma un pourvoi devant la Cour de cassation, mais celle-ci confirma la jurisprudence de la Cour de Chambéry (2).

137. L'article 193 I. C. nous indique une seconde hypothèse, dans laquelle le tribunal peut retirer la liberté provisoire à un prévenu : si le juge d'instruction, ignorant quelqu'une des charges qui pèsent sur l'inculpé, l'a renvoyé devant le tribunal correctionnel pour un crime, relevant par conséquent de la Cour d'assises, le tribunal arrivant à la connaissance de ces circonstances aggravantes peut décerner de suite le mandat de dépôt ou le mandat d'arrêt. L'article 193 ajoute : Et il renverra le prévenu devant le juge d'instruction com-

---

(1) Comparez avec la loi belge du 20 avril 1874 sur la détention préventive : « Si, après avoir obtenu sa mise en liberté provisoire, l'inculpé cité ou ajourné ne comparaît pas, le juge d'instruction, le tribunal ou la cour, selon les cas, pourront décerner contre lui un mandat d'arrêt ou une ordonnance de prise de corps. » (art. 18). Delebecque et Hoffmann, les Codes belges.

(2) Chambéry, 16 novembre 1866, D. P., 67-2-4 ; Cr. r. 1er février 1867, D. P., 67-1-191.

pétent. » Ceci n'est pas toujours exact : quand le
tribunal est saisi par une citation directe de la partie civile ou du procureur de la République, il
peut appliquer l'article 193 et renvoyer le prévenu
devant le juge d'instruction compétent après avoir
décerné un mandat de dépôt ou d'arrêt, s'il le juge
utile ; mais quand le tribunal a été saisi par une
ordonnance du juge d'instruction, il doit se borner
à reconnaître son incompétence, et la Cour de cassation pourra seule statuer en règlement de juges.
La jurisprudence de la Cour suprême est constante
en la matière (1).

138. *Prévenu qui a toujours été libre.* — Le tribunal peut-il, toujours avant de prononcer une
condamnation, le mettre en état de détention préventive ? Plusieurs hypothèses peuvent se présenter :

139. L'article 131 (I. C.) prévoit le cas où un délit
peu grave a été commis ; ce délit ne doit pas entraîner la peine de l'emprisonnement ; le prévenu
doit alors être mis en liberté, à la charge de se présenter à un jour fixe devant le tribunal. « Par analogie, il faut décider que si, dès le début, l'instruction porte sur un délit de cette nature, l'inculpé
ne doit pas être détenu préventivement. » (2) Par
conséquent, il se présentera libre devant le tribunal et la liberté dont il jouira n'aura rien de pro-

---

(1) Cr., 22 mars 1849, D. P., 49-1-182 ; 30 août 1855,
D. P., 55-1-415 ; 18 décembre 1873, D. P. 75-1-193, etc.
(2) Laborde, *op. cit.*, p. 595, n° 888.

visoire, elle constituera un droit pour lui, et le tribunal ne pourra pas la lui retirer.

140. A ce premier cas, il convient d'assimiler celui que prévoit l'article 113, § 2 ; en effet, « la mise en liberté après cinq jours n'a rien de provisoire... le juge d'instruction n'a pas le droit de la retirer... C'est une extinction légale de la détention préventive... » (1) L'inculpé, ici encore, a un droit définitif à rester libre jusqu'à ce qu'une condamnation à l'emprisonnement ait été prononcée contre lui, et même soit devenue irrévocable.

141. Pourtant, dans ces deux cas, le tribunal peut décerner un mandat de dépôt, s'il résulte de nouveaux renseignements que le prévenu n'est pas dans les conditions voulues ; l'article 193 prévoit cette hypothèse : un individu a été laissé en liberté et comparaît dans cet état devant le tribunal correctionnel ; là, on s'aperçoit que le fait dont on l'accuse constitue un crime : « Si le fait est de nature à mériter une peine afflictive ou infamante, le tribunal pourra décerner de suite le mandat de dépôt ou le mandat d'arrêt ; et il renverra le prévenu devant le juge d'instruction compétent. » Notons aussi que la Cour d'appel peut également décerner le mandat de dépôt ou d'arrêt si elle annule le jugement parce que le fait est de nature à mériter une peine afflictive ou infamante. L'article 214 lui reconnaît formellement ce droit.

---

(1) Laborde, *op. cit.*, p. 596, n° 889.

142. L'inculpé peut encore comparaître libre devant le tribunal correctionnel par suite de l'application de l'article 91 : le juge d'instruction n'a décerné qu'un mandat de comparution, l'inculpé a été interrogé et laissé en liberté, soit que le fait commis n'ait pas une gravité considérable (ce qui nous ferait retomber dans les deux cas précédents), soit que le juge d'instruction ait eu confiance dans les promesses de l'inculpé et se soit montré particulièrement bienveillant. Mais ici, nous ne sommes plus en présence d'une liberté de droit ; c'est, à proprement parler, une liberté provisoire avec son caractère révocable et que nous avons déjà envisagée précédemment (1). Si nous avons mentionné cette hypothèse, c'est uniquement pour montrer qu'une confusion était possible aucun mandat de dépôt ou d'arrêt n'ayant été décerné.

143. Il est enfin un dernier cas dans lequel le tribunal pour ordonner la détention de personnes qui ont toujours été libres et même de personnes autres que l'inculpé. Ceci a lieu quand il se produit des troubles et délits d'audience. Mais le pouvoir du tribunal n'est pas le même non plus que le caractère de la détention ordonnée suivant les hypothèses. Nous ne pouvons mieux faire que d'adopter ici la classification donnée par M. Laborde (2) et de fournir ensuite quelques indications spéciales au point de vue de notre sujet.

---

(1) Voy. *supra*, n°s 135 et s.
(2) Laborde, *op. cit.*, p. 644, n° 998.

144. Les troubles sans caractère délictueux, tout
d'abord, sont réprimés par un avertissement, par
l'expulsion de la salle d'audience, ou par une détention de vingt-quatre heures à la maison d'arrêt. Si le trouble a été causé par les parties, cette
détention peut atteindre trois jours (1).

145. Les troubles accompagnés d'infraction peuvent être de deux sortes : ou bien il s'agit d'un délit, et alors le tribunal peut et doit statuer de suite,
ou bien il s'agit d'un crime, et alors la répression
n'est possible que si l'on est devant une Cour (d'appel, d'assises ou de cassation). Si l'on est seulement
devant un tribunal, celui-ci peut faire arrêter l'inculpé et le renvoyer devant le juge d'instruction
ou le procureur de la République. De même si devant la Cour d'assises, par exemple, le crime de
faux témoignage est commis, une peine ne peut être
prononcée de suite : l'article 330 I. C. décide que
dans ce cas le président pourra faire mettre le témoin en état d'arrestation ; les pièces seront ensuite transmises à la Cour d'appel pour y être statué sur la mise en accusation.

146. Si les troubles qui se produisent ont pour
but de mettre obstacle au cours de la justice, une
peine de deux ans d'emprisonnement, au maximum,

---

(1) Un président de la Cour d'assises, dans le départe-
ment des Landes, fit arrêter une femme qui tricotait à
l'audience, sous prétexte que son attitude manquait de
respect envers la justice ! (Nous devons cette petite anecdote à l'obligeance de M. Laborde).

sera prononcée séance tenante contre les perturbateurs qui pourront, de plus, être expulsés.

147. Il peut enfin se commettre, dans la salle d'audience, des délits correctionnels qui n'occasionnent aucun trouble ; ces délits doivent être jugés immédiatement par le tribunal ; l'inculpé ne peut même pas obtenir un délai de trois jours pour préparer sa défense, comme le lui accorde la loi de 1863 dans le cas de flagrant délit ordinaire.

148. Dans tous ces cas, nous voyons que l'inculpé peut être emprisonné pendant plus ou moins longtemps suivant la gravité du trouble commis. Mais est-ce bien une détention préventive ? Dans le premier cas, nous répondons hardiment par la négative : la détention de vingt-quatre heures prévue contre les assistants n'a pas un caractère pénal ; quant à l'emprisonnement de trois jours au plus prévu contre les parties, ce n'est qu'une peine de police, et la détention préventive n'est pas admise dans cette hypothèse. Dans le deuxième cas, si l'inculpé est arrêté, mais ne peut être jugé séance tenante, il est bien en prison préventive dans toute l'acception du mot ; mais s'il est jugé de suite, comme cela a lieu dans les troisième et quatrième cas, la détention est bien préventive jusqu'à ce que la condamnation soit devenue irrévocable, mais elle suit le jugement. Nous n'en parlerons pas plus longuement : ce serait empiéter sur le chapitre suivant.

149. Cette procédure si rapide et si simplifiée est la proche parente de celle qu'établit la loi de 1863

à propos des flagrants délits. Il n'y a rien là d'éton-
nant, car les troubles et délits que l'on réprime à
l'audience sont bien flagrants. Nous sommes ainsi
conduit tout naturellement à étudier comme nous
l'avions annoncé, la loi de 1863.

APPENDICE

RÈGLES SPÉCIALES DE L'INSTRUCTION PRÉPA-RATOIRE, DE LA SAISINE ET DE LA PROCÉDURE A L'AUDIENCE EN CAS DE DÉLIT FLAGRANT.

150. Quand le législateur a organisé la procédure spéciale aux flagrants délits, une question se posait tout d'abord : celle de savoir quand il y aurait flagrant délit. On ne pouvait, en effet, songer à ne qualifier ainsi que le cas où le coupable était arrêté au moment même où il commettait son méfait ; cette conception était insuffisante. C'est l'article 41 I. C. qui a établi ce premier point : « Le délit qui se commet actuellement ou qui vient de se commettre est un flagrant délit. Seront aussi réputés flagrants délits, le cas où le prévenu est poursuivi par la clameur publique, et celui où il est trouvé saisi d'effets, armes, instruments ou papiers faisant présumer qu'il est auteur ou complice, pourvu que ce soit dans un temps voisin du délit. » Quand la loi parle du délit qui vient de se commettre, elle entend celui qui est commis depuis si peu de temps que des recherches organisées de suite pour l'arrestation du coupable durent encore au moment de

cette arrestation. Il y a aussi flagrant délit, s'il ne
s'est écoulé qu'un petit laps de temps, strictement
nécessaire pour que la police ait pu être appelée et
se rendre sur les lieux.

151. Mais le second paragraphe de l'article 41
crée, à côté de cela, une certaine quantité de délits
quasi-flagrants, sur lesquels il nous paraît bon de
donner quelques précisions : «...le cas où le prévenu est poursuivi par la clameur publique... »
Cette hypothèse se trouve réalisée quand la foule
poursuit le coupable d'un délit qui vient d'être
commis, en criant : au voleur ! ou à l'assassin ! On
serait dans le même cas si le délinquant, quoique
ayant disparu, est désigné à haute voix par le public qui n'a cessé de le chercher. Mais il faut se
garder de confondre la clameur publique et la rumeur publique, qui n'est qu'une accusation vague
formée de « on dit ». De même, la notoriété publique ne caractérise pas le flagrant délit : quand un
fait a été commis depuis quelque temps, et que
tout le monde le connaît sans toutefois posséder
de preuves certaines, il est de notoriété publique ;
cela ne suffit évidemment pas pour dire qu'il est
flagrant.

152. « ...Et celui où il est trouvé saisi d'effets, armes, instruments ou papiers faisant présumer qu'il est auteur ou complice, pourvu que ce
soit dans un temps voisin du délit. » La question de
savoir si l'on se trouve dans un temps voisin du
délit est une question de fait ; il s'agit que les objets dont il est question n'aient pu matériellement

passer entre les mains d'un tiers, ou tout au moins
d'une personne ignorant leur provenance, ou les
ayant reçus d'une personne étrangère au crime.
On peut ainsi qualifier de flagrant un délit qui a
été commis depuis quelque temps déjà, car le conseil d'Etat a décidé que le délai de vingt-quatre
heures « ne saurait circonscrire l'action du procureur de la République ».

153. En effet, dans le cas de flagrant délit, le
procureur de la République est compétent pour
commencer seul l'instruction préparatoire ; il peut
faire des recherches au domicile de l'inculpé ; il
peut entendre les témoins du crime ; il peut, et
c'est là ce qui nous intéresse particulièrement, faire
arrêter provisoirement l'inculpé et décerner contre lui un mandat de dépôt. Mais cette compétence
exceptionnelle cesse dès que le juge d'instruction
s'est saisi de l'affaire ; et celui-ci peut se saisir
d'office, même si le procureur de la République,
présent sur les lieux, refuse de poursuivre. Le juge
d'instruction peut alors faire arrêter l'accusé présent sur un simple ordre verbal.

154. Quant à l'instruction préparatoire elle-
même, elle est considérablement simplifiée, ce qui
est logique, car dans le cas de flagrant délit point
n'est besoin d'une longue enquête pour arriver à
la connaissance des faits. La détention préventive
est ainsi abrégée d'autant. La loi du 20 mai 1863
décide dans son article premier que l'individu pris
en flagrant délit doit être immédiatement conduit
devant le procureur de la République pour être in-

terrogé. La jurisprudence a hésité pour décider à quelle sorte de flagrants délits s'appliquait cet article premier, et des solutions contraires ont été données ; dans tous les cas, il est bien certain que la procédure organisée par la loi de 1863 ne s'applique pas au flagrant délit de l'article 46 I. C., c'est-à-dire quand le procureur de la République, sur réquisition du chef d'une maison, aura constaté un crime commis dans cette maison.

155. Quand le prévenu a été interrogé par le procureur de la République, celui-ci peut le mettre sous mandat de dépôt et le traduire sur-le-champ à l'audience du tribunal correctionnel ; s'il n'y a pas d'audience ce jour-là, le prévenu est cité pour le lendemain, et le tribunal est alors spécialement convoqué s'il y a lieu. C'est seulement dans ce délai que le mandat de dépôt décerné par le procureur de la République est valable. Mais la procédure des flagrants délits n'est pas obligatoire ; le procureur peut l'abandonner s'il croit qu'il vaut mieux suivre l'ordinaire ; il peut même abandonner les poursuites si les charges ne lui paraissent pas suffisantes, ce qui est très rare en cas de flagrant délit.

156. Quand le prévenu comparaît devant le tribunal, ce fait seul confère au mandat de dépôt une durée indéfinie s'il n'en est pas décidé autrement ; pourtant, en pratique, le tribunal statue toujours sur ce point : il confirme le mandat de dépôt. A cet effet, il existe des imprimés ainsi libellés :

2ᵉ Chambre. Audience du ....
Présents, MM. ....
        M. ...., substitut de M. le Procureur de la République,
et ...., commis greffier.
    Entre le ministère public, demandeur, et ...... prévenu de ....
Le prévenu interrogé par M. le Président.
    Le Ministère public demande la confirmation du mandat de dépôt,
et le renvoi de l'affaire à une audience correctionnelle de la semaine
prochaine.
        Le Tribunal confirme le mandat de dépôt et renvoie la
cause ....

157. Du reste, le prévenu a lui aussi le droit de
demander le renvoi de l'affaire, s'il estime qu'un
délai lui est nécessaire pour préparer sa défense.
L'article 4 de la loi du 20 mai 1863 lui accorde trois
jours au moins. Ce délai de trois jours doit s'entendre de trois jours francs, non compris celui de la
citation et celui du jugement ; dans la discussion de
la loi, MM. Jules Favre, Ollivier, Picard, Darimon
et Hénon déposèrent un amendement tendant à porter ce délai à huit jours au moins ; cet amendement
fut rejeté, par cette raison que les tribunaux pouvaient accorder plus de trois jours s'ils le jugeaient
nécessaire, et qu'il serait ridicule de fixer un minimum de huit jours dont l'accusé n'avait souvent
pas besoin : « ...l'article n'a rien de limitatif...
c'est un minimum qui garantit la défense, comme
l'esprit du projet garantit l'abus qui pourrait être
fait des délais, lesquels prolongeraient inutilement
la détention de l'inculpé. Comprendrait-on que le
tribunal ne pût accorder moins de huit jours à l'in-

culpé qui n'en aurait besoin que de trois pour sa
défense. » (1)

158. Ainsi, le procureur de la République et l'inculpé peuvent demander la remise de la cause à
une audience ultérieure. L'article 5 de la loi de
1863 décide que le tribunal pourra d'office renvoyer l'affaire à une des plus prochaines audiences
quand elle ne sera pas en état de recevoir jugement.
Pendant ces délais, le prévenu peut être détenu préventivement (ce qui arrive quand le procureur de
la République a décerné un mandat de dépôt non
levé par le tribunal), ou laissé en liberté provisoire;
ceci a lieu quand le procureur de la République
n'a pas décerné de mandat de dépôt, ou quand,
une telle mesure ayant été prise, le tribunal en a
donné mainlevée avec ou sans caution, en vertu de
l'article 5 de la loi de 1863. Notons en terminant
que cette mainlevée diffère de celle que peut accorder le juge d'instruction (2) en ce qu'elle peut
être prononcée malgré les conclusions contraires
du procureur de la République. Le législateur a
voulu mettre ainsi un contrepoids au pouvoir extraordinaire qu'il accordait, dans le cas de flagrant
délit, au magistrat chargé de la poursuite.

---

(1) Loi du 20 mai 1863. Exposé des motifs, D. P. 63-4-114
et note n° 30.

(2) Art. 94, § 3, I. C.

CHAPITRE II

LA DÉTENTION PRÉVENTIVE DEPUIS LA CONDAMNATION PRONONCÉE, JUSQU'A LA CONDAMNATION DEVENUE IRRÉVOCABLE.

159. Le condamné a devant lui trois voies de recours contre les diverses décisions, qui le condamnent : l'appel, quand il s'agit d'un jugement en premier ressort ; le pourvoi en cassation, dans le cas contraire ; enfin, le pourvoi en révision dans certaines hypothèses déterminées par la loi (article 443). Nous allons étudier la détention préventive et la liberté provisoire dans ces trois hypothèses.

§ I⁰ʳ. — L'APPEL

160. Limitons tout d'abord l'objet de ce premier paragraphe : s'il s'agit d'une contravention de simple police, la détention préventive n'est pas admise (art. 129) ; en second lieu, l'appel n'est pas possible sur un arrêt, soit de la Cour d'assises, soit de la chambre correctionnelle de la Cour d'appel. Le seul cas dont nous ayons à nous occu-

per est donc celui d'un jugement prononcé par le tribunal correctionnel. Et ici, une distinction s'impose.

161. LE PRÉVENU EST ACQUITTÉ (1). — Le code de 1808 décidait que le prévenu acquitté garderait prison pendant dix jours, délai accordé aux parties poursuivantes pour faire appel ; la loi de 1832 prescrivit sa mise en liberté après trois jours ; la loi du 20 mai 1863, sur l'instruction des flagrants délits, généralisée par la loi du 14 juillet 1865, ordonna l'élargissement immédiat du prévenu acquitté, et enfin la loi du 13 juillet 1909 donna la rédaction actuelle de l'article 206 I. C. : « Seront nonobstant appel, mis en liberté, immédiatement après le jugement, le prévenu qui aura été acquitté, ou condamné soit à l'emprisonnement avec sursis, soit à l'amende, et, aussitôt après l'accomplissement de sa peine, le prévenu condamné à une peine d'emprisonnement qui se trouvera accomplie avant l'expiration du délai d'appel du procureur général. » (2) Le prévenu acquitté est donc immédiatement mis en liberté ; mais le jugement est sus-

____

(1) Voy. Laborde, *op. cit.*, p. 719, n° 1115.

(2) Notons que la loi belge de 1874, qui est toujours en vigueur, n'a pas encore eu le temps d'adopter notre disposition du 13 juillet 1909. Son art. 21, §1ᵉʳ : « L'inculpé, s'il est acquitté, sera immédiatement et nonobstant appel, mis en liberté, à moins qu'il ne soit retenu pour une autre cause », reproduit, sauf dans sa dernière ligne, la loi de 1865.

ceptible d'appel (article 199) de la part du ministère public. La Cour, saisie de l'affaire, peut-elle
mettre le prévenu en état de détention préventive ?
Le principal motif que tout le monde admet pour
soutenir que la détention préventive est injustifiable en droit, c'est que l'inculpé est présumé innocent jusqu'à preuve du contraire ; après jugement
de relaxe, même non encore définitif, cette présomption acquiert une force beaucoup plus considérable, aussi le prévenu ne doit-il pas être exposé à
la détention préventive. Nous pensons que la mise
en liberté ordonnée par l'article 206 doit être assi-
milée en cela à celle de l'article 113 § 2 : c'est un
élargissement de droit, un mode d'extinction de la
détention préventive ; et celle-ci ne doit plus pouvoir être infligée à l'inculpé, à moins qu'il ne sur-
vienne de nouvelles charges qui aggraveraient sa
situation.

162. PRÉVENU CONDAMNÉ *auquel l'article* 206 *est
inapplicable.* — Tout jugement du tribunal correctionnel est susceptible d'appel, dans un délai de dix
jours de la part du prévenu ou du procureur de la
République ; le procureur général jouit d'un délai
de deux mois ; mais si le prévenu lui signifie le jugement, ce délai est réduit à un mois (article 205).
Que deviendra la détention préventive pendant ces
délais ? Il faut distinguer suivant que le prévenu
est en état de détention ou comparaît libre.

163. PRÉVENU EN ÉTAT DE DÉTENTION PRÉVENTIVE.

— Quand une condamnation a été prononcée par le tribunal correctionnel, la situation du prévenu n'est pas encore définitive, car l'appel et le délai d'appel ont un effet suspensif. Disons que c'est seulement le délai ordinaire de dix jours qui produit cet effet, et non le délai de deux mois imparti au procureur général. Pendant dix jours, donc, le prévenu sera considéré encore comme en état de détention préventive, et pourra demander la mise en liberté provisoire, puisque celle-ci peut être demandée en tout état de cause (article 116). L'autorité compétente sera le tribunal correctionnel qui a statué en dernier lieu. Si dans le délai voulu, l'appel est interjeté, le tribunal est alors dessaisi, et la demande de mise en liberté provisoire sera soumise à la cour, seule compétente pour statuer. Hâtons-nous d'ajouter que, dans ces conditions, la mise en liberté ne sera accordée que pour des motifs graves, et que la faculté d'exiger un cautionnement sera utilement mise à profit.

164. Prévenu en liberté. — Ce cas est, de beaucoup, le plus intéressant : le prévenu comparaît libre ; il est condamné par le tribunal à une peine d'emprisonnement sans sursis. Ne peut-on l'incarcérer quoique le délai d'appel soit, en principe, suspensif de l'exécution du jugement ? L'article 193 décide que : « si le fait est de nature à mériter une peine afflictive ou infamante, le tribunal pourra décerner de suite le mandat de dépôt ou le mandat d'arrêt ; et il renverra le prévenu devant le

juge d'instruction compétent. » (1) L'article 214
prévoit que la même hypothèse pourra se présenter
devant la chambre des appels correctionnels ; il
décide que la même solution devra s'appliquer. On
s'est demandé s'il ne serait pas bon d'étendre la
première partie de l'article 193 au cas où une peine d'une certaine gravité aurait été prononcée par
le tribunal correctionnel. Déjà la loi belge du 20
avril 1874 décide que « si l'inculpé est condamné à
une peine d'emprisonnement de plus de six mois,
l'arrestation immédiate pourra être ordonnée, s'il
y a lieu de craindre qu'il ne tente de se soustraire
à l'exécution de la peine. » (2) Mais si notre code
admet dans son article 206 l'exécution provisoire
des jugements quand cette mesure est favorable
au prévenu, aucune disposition ne l'admet dans le
cas contraire ; c'est regrettable, car il est à craindre que l'individu condamné à une peine un peu
forte ne cherche à échapper au châtiment et n'y
parvienne si on le laisse en liberté. Une telle mesure se justifierait du reste, car la présomption
d'innocence est bien ébranlée après une condamnation, même si celle-ci n'est pas encore devenue

---

(1) Si le tribunal a été saisi par voie de citation directe
de la partie civile ou du Ministère public, il renverra le
prévenu devant le juge d'instruction compétent ; s'il a été
saisi par ordonnance du juge d'instruction, il se bornera à
se déclarer incompétent, et la cour de cassation statuera en
règlement de juges.

(2) Delebecque et Hoffmann, Les Codes belges. Loi du
20 avril 1874 sur la détention préventive, art. 24 § 2.

irrévocable. En 1870, plusieurs banquiers, poursuivis devant le tribunal correctionnel, avaient comparu libres ; ils furent condamnés. On les appréhenda sur l'audience, les empêchant ainsi de profiter de leur fortune pour gagner la frontière.

165. Cette mesure était utile ; était-elle légale ? nous ne le croyons pas ; la pratique a trouvé un moyen d'arriver au même résultat : « Le chef du parquet s'entend avec le juge d'instruction pour qu'il y ait dans le dossier correctionnel un mandat de dépôt dont l'exécution sera suspendue jusqu'après la condamnation prononcée. Le prévenu comparaît en liberté. S'il est acquitté ou s'il est condamné soit à une amende soit à un emprisonnement avec sursis ou de courte durée, il restera en liberté et ne saura peut-être même pas qu'il a été placé sous mandat de dépôt. Mais s'il est condamné à un emprisonnement de longue durée et sans sursis, le procureur de la République l'empêchera de passer à l'étranger en faisant exécuter le mandat de dépôt aussitôt après le prononcé du jugement et dans la salle même de l'audience. » (1) Ce procédé, quoique très pratique, est encore d'une légalité contestable ; aussi M. Laborde a-t-il proposé d'ajouter au nouveau projet de loi un article qui introduirait formellement cette mesure dans notre législation : « En prononçant

____

(1) Lois nouvelles, 15 novembre 1909, Laborde : Examen critique du projet de loi sur les garanties de la liberté individuelle, p. 175, n° 28.

une peine d'emprisonnement supérieure à trois mois, sans sursis, contre un prévenu comparaissant en liberté, le tribunal pourra ordonner qu'il sera détenu préventivement jusqu'à ce que la condamnation prononcée soit devenue irrévocable. A cet effet, il décernera contre lui un mandat de dépôt ou d'arrêt. » Nous ne pouvons que souhaiter la réalisation prochaine d'une modification si utile, mais pour le moment un jugement qui prononce une condamnation contre un individu qui comparaît libre n'est pas susceptible d'exécution provisoire.

§ II. — Pourvoi en cassation

166. Contrairement à l'appel qui n'est possible que contre un jugement, le pourvoi en cassation n'est possible que contre une décision en dernier ressort. Laissant de côté le jugement du tribunal correctionnel rendu sur appel d'une décision de simple police, nous n'envisagerons que le cas où le pourvoi est dirigé contre un arrêt. Nous ne parlerons pas non plus du pourvoi en cassation formé contre l'arrêt de mise en accusation, car nous avons déjà traité cette question dans le chapitre précédent.

167. Le pourvoi en cassation ne peut être formé que pour incompétence, excès de pouvoir, violation des règles de forme, violation des règles de fond. Mais plusieurs personnes peuvent le former : l'article 442 prévoit que le procureur général près

la Cour de Cassation peut agir d'office, même
après expiration du délai quand il constate dans
un arrêt un cas de cassation qui n'a pas été relevé
par les parties en cause ; l'article 441 décide que
le procureur général près la Cour de cassation doit
également agir sur un ordre du ministre de la justice. Mais ce ne sont là que des pourvois exception-
nels ; le plus fréquent est celui qui est formé par
l'une des parties en cause (généralement par le
condamné) ; lui seul du reste peut influer sur la détention préventive.

168. Quand le pourvoi est formé par un condamné détenu, en vertu de son effet suspensif, il permet à la détention préventive de se prolonger, avec
son régime particulier, plus doux que celui auquel
sont soumis les condamnés, et la faculté de demander la mise en liberté provisoire. C'est tout ce
qu'il y a d'intéressant, à notre point de vue, dans
un pourvoi formé par un condamné détenu.

169. Mais il en est bien autrement quand le
pourvoi émane d'un condamné qui a toujours été
libre (1) ; l'article 421 prive du droit de se pourvoir les condamnés à une peine emportant priva-
tion de la liberté pour plus de six mois, qui ne seront pas en état ou qui n'auront pas été mis en liberté provisoire avec ou sans caution. Le condamné
qui a toujours été libre doit donc se mettre en

____

(1) Le condamné laissé en liberté provisoire depuis
l'instruction préparatoire peut former un pourvoi dans les
conditions ordinaires. Argument *a contrario* de l'art. 421.

état, c'est-à-dire se constituer en état de détention préventive ; mais une fois en état, l'article 116 § 2 lui permet de demander et d'obtenir la liberté provisoire ; celle-ci lui sera généralement accordée, puisqu'elle continuera la situation qui avait duré jusque-là, et ce sera la cour qui a prononcé la peine qui sera compétente pour statuer sur cette demande. Remarquons la rédaction du § 2 de l'article 116 : « lorsque le condamné, *pour rendre son pourvoi admissible*, conformément à l'article 421, *voudra réclamer sa mise en liberté...* » si l'on ne connaît pas déjà l'article 421 qui est beaucoup plus loin, ce paragraphe est incompréhensible ; il est du reste inexact ; le condamné ne réclame pas sa mise en liberté pour rendre son pourvoi admissible : il se met en état dans ce but, et puis il peut demander la liberté provisoire ; le rappel qui est fait de l'article 421 est insuffisant pour la clarté de la disposition ; nous préférerions un texte plus explicite, par exemple celui-ci : « Le condamné qui, pour rendre son pourvoi admissible, se sera mis en état, pourra réclamer sa mise en liberté ; il portera sa demande... » En effet, quoique tout Français soit censé connaître la loi, il n'est pas logique de faire, dans l'article 116, une allusion aussi discrète au texte de l'article 421.

170. Arrêts rendus par la Cour de cassation sur le pourvoi. Rejet. — La Cour de cassation peut

rejeter le pourvoi (1) ou l'admettre, auquel cas elle rend un arrêt de cassation. Quand le pourvoi est rejeté, l'arrêt attaqué acquiert immédiatement l'autorité de la chose jugée ; l'article 439, modifié par la loi du 19 avril 1900 prescrit de délivrer dans les trois jours au procureur général près la Cour de cassation un extrait signé du greffier, lequel sera adressé au magistrat chargé du ministère public près la cour ou le tribunal qui aura rendu l'arrêt ou le jugement attaqué. Cet arrêt sera alors exécutoire : le condamné en état de détention préventive sera mis au régime des condamnés ; celui qui était en liberté provisoire sera incarcéré.

171. ADMISSION DU POURVOI. — Si le pourvoi est admis, la Cour rend un arrêt de cassation. En général cet arrêt a pour effet de renvoyer l'affaire devant une autre juridiction, annulant ainsi la décision contre laquelle le pourvoi avait été formé. Au point de vue spécial auquel nous nous plaçons, cet arrêt a pour effet de faire durer la détention préventive, avec son régime et la possibilité d'élargissement provisoire pour le condamné détenu ; de faire durer au contraire la liberté provisoire pour celui qui l'a obtenue, soit avant le jugement ou arrêt de condamnation, soit après la mise en état. Une autre décision sera alors rendue par la juridiction saisie par l'arrêt de la Cour de cassa-

---

(1) Par arrêt de déchéance si le pourvoi n'est pas recevable en la forme ; par arrêt de rejet s'il est mal fondé.

tion, et cette nouvelle décision sera encore susceptible d'un pourvoi en cassation avec tous ses effets, et dans les conditions ordinaires s'il est fondé sur un autre moyen que le premier. S'il est fondé sur le même moyen, la Cour de cassation statue toutes chambres réunies, et la nouvelle juridiction devant laquelle l'affaire est enfin renvoyée doit se rallier à cette jurisprudence. Mais il peut se faire que la Cour de cassation, en admettant le pourvoi et cassant la décision attaquée ne prononce pas le renvoi de l'affaire devant une autre juridiction. Cela a lieu quand elle annule la décision attaquée en se fondant sur une amnistie, la prescription, la chose jugée, etc... Dans ces cas il n'y a pas renvoi, non parce que la Cour de cassation a jugé au fond, ce qu'elle ne peut faire, mais parce que la question à juger a disparu. La décision de la Cour de cassation est alors définitive, et les inculpés doivent être renvoyés des fins de la poursuite dont ils étaient l'objet, mis immédiatement en liberté s'ils étaient en état de détention préventive.

§ III. — Pourvoi en révision

172. Au premier abord, les expressions : pourvoi en révision, et détention préventive ne semblent pas pouvoir être rapprochées logiquement l'une de l'autre, puisque le pourvoi en révision ne s'exerce que quand la condamnation est devenue définitive ; à ce moment-là, par conséquent, l'incul-

pé est devenu un condamné ; il n'est plus en état de détention préventive, il est emprisonné en vertu du jugement ou de l'arrêt de condamnation. Mais le pourvoi en révision, s'il est admis, remet en question la culpabilité du condamné : celui-ci est replacé en état de détention préventive, peut être mis en liberté provisoire, etc... Examinons d'abord le mécanisme du pourvoi en révision ; les rapports qui existent entre lui et la détention préventive apparaîtront ensuite d'eux-mêmes.

173. Le pourvoi en révision a été institué pour réparer les erreurs judiciaires ; mais il eût été excessif de permettre à tout condamné de se prétendre victime d'une de ces erreurs ; aussi le pourvoi en révision n'est-il admis que dans des cas limitativement énumérés :

« La révision pourra être demandée en matière criminelle ou correctionnelle, quelles que soient la juridiction qui ait statué, et la peine qui ait été prononcée :

» 1° Lorsque, après une condamnation pour homicide, des pièces seront représentées propres à faire naître de suffisants indices sur l'existence de la prétendue victime de l'homicide.

» 2° Lorsque, après une condamnation pour crime ou délit, un nouvel arrêt ou jugement aura condamné pour le même fait un autre accusé ou prévenu, et que, les deux condamnations ne pouvant se concilier, leur contradiction sera la preuve de l'innocence de l'un ou de l'autre condamné.

» 3° Lorsqu'un des témoins entendus aurait été

postérieurement à la condamnation, poursuivi ou condamné pour faux témoignage contre l'accusé ou le prévenu ; le témoin ainsi condamné ne pourra être entendu dans les nouveaux débats.

» 4° Lorsque, après une condamnation, un fait viendra à se produire ou à se révéler, ou lorsque des pièces inconnues lors des débats seront représentées, de nature à établir l'innocence du condamné. » (article 443 I. C.).

174. Le Code de 1808 n'admettait que les trois premiers motifs, et les énonçait dans les articles 443, 444 et 445 ; la loi du 29 juin 1867 n'admettait également que ces trois motifs, mais les réunissait sous l'article 443 ; elle permettait en outre d'accorder la révision à la mémoire du condamné. Enfin la loi du 8 juin 1895 a donné la dernière rédaction de l'article 443 : elle a ajouté le quatrième cas de révision qui étend largement cette voie de recours, et qui comprend même les trois premiers cas.

175. La demande en révision est formée par le condamné, ou, après sa mort, par ses parents ou les personnes à qui il en a donné la mission expresse. Cette demande peut aussi être formée d'office par le ministre de la justice. Dans les trois premiers cas de l'article 443, la demande faite par le condamné est transmise à la Cour de cassation ; dans le quatrième, le ministre de la justice a le droit d'examiner le bien fondé de cette demande. Mais toujours la demande doit passer par ses mains : c'est lui qui donne au procureur géné-

ral près la Cour de cassation l'ordre exprès de saisir la chambre criminelle.

176. La demande en révision produit un effet suspensif. L'article 444 dit, en effet : « si l'arrêt ou le jugement de condamnation n'a pas été exécuté, l'exécution sera suspendue de plein droit à partir de la transmission de la demande par le ministre de la justice à la Cour de cassation. Si le condamné est en état de détention, l'exécution pourra être suspendue, sur l'ordre du ministre de la justice, jusqu'à ce que la Cour de cassation ait prononcé, et ensuite, s'il y a lieu, par l'arrêt de cette Cour statuant sur la recevabilité. » Donc, si la condamnation n'est pas encore exécutée, son exécution sera suspendue de plein droit : si le condamné à l'emprisonnement est encore en liberté, il y restera; celui qui aura été condamné aux travaux forcés ne sera pas dirigé sur Cayenne s'il est encore en France. Mais cela ne suffisait pas : on prévenait le mal, il fallait le réparer quand il était déjà fait ; aussi le dernier paragraphe de l'article 444 donne-t-il au ministre et à la Cour de cassation s'il y a lieu (c'est-à-dire si le ministre ne l'a pas fait lui-même) le droit de faire suspendre l'exécution de la condamnation. Remarquons avec M. Laborde que ce sursis à l'exécution n'est prévu par le § 5 de l'article 444 que dans le cas où la peine prononcée a été l'emprisonnement : on a craint que le condamné qui avait « commencé à subir par anticipation sa peine en détention préventive ne cherche à prolonger cette détention aussitôt

que la condamnation est devenue irrévocable, par une demande en révision pendant l'instruction de laquelle il achèverait la peine sous une forme moins rigoureuse. » Alors on surseoit à l'exécution, et si la demande en révision est rejetée, la peine est subie au régime des condamnés ; « mais la rédaction du § 4 est assez large pour qu'on puisse appliquer le sursis aux condamnations à l'amende, aux frais, aux dommages-intérêts, en un mot à toutes les condamnations prononcées par le jugement ou l'arrêt dont on demande la révision. » (1)

177. La Cour de cassation saisie d'une demande en révision commence par voir si elle est recevable en la forme ; dans la négative, elle rend un arrêt de rejet de la demande et tout est fini ; dans l'affirmative, elle examine si la demande est recevable au fond. Si elle la déclare irrecevable, l'affaire est encore terminée ; si, au contraire, elle l'admet, elle le fait par un arrêt, le rescindant, qui rescinde, comme son nom l'indique, les arrêts dont la révision était demandée.

178. Quand la demande est admise, il faut procéder à la révision. La Cour de cassation le fait elle-même : 1° quand on ne peut procéder à de nouveaux débats oraux entre toutes les parties (décès-contumace...) ; 2° quand l'annulation de l'arrêt de condamnation ne laisse subsister aucune charge

---

(1) Laborde, *op. cit.*, n° 1227, p. 774 et 776.

contre le condamné. Dans tous les autres cas, la Cour de cassation doit renvoyer l'affaire devant une juridiction de même nature et d'un degré égal à celle qui a prononcé la décision attaquée. La nouvelle décision, arrêt ou jugement, qui sera rendue par la Cour de cassation ou par la juridiction qu'elle aura désignée, s'appelle le rescisoire.

179. Si le rescisoire déclare innocent le demandeur en révision, une réparation lui est accordée : pécuniaire, sous la forme de dommages-intérêts ; morale, sous la forme d'une large publicité. Si le rescisoire confirme au contraire la culpabilité du demandeur, aucune autre demande en révision ne peut être formée par lui.

180. Ayant ainsi exposé aussi brièvement que possible, tout en essayant de rester clair, le mécanisme du pourvoi en révision, nous voyons comment il peut être question encore de la détention préventive et de la liberté provisoire. Nous avons trouvé dans l'article 444 § 4 et 5, des dispositions disant qu'il pouvait être sursis à l'exécution de la peine pendant l'examen de la demande. Mais quand cette demande est déclarée recevable en la forme et au fond, que la Cour de cassation renvoie l'affaire devant une autre juridiction ou la retienne par devers elle, le condamné reprend la situation d'un inculpé ; il est présumé innocent, et cette présomption est d'autant plus forte que la condamnation qui avait été prononcée contre lui a été annulée : cette annulation n'a pu avoir lieu que pour des motifs sérieux que le législateur

a pris la peine d'énumérer limitativement ; la condamnation ne sera donc probablement pas maintenue. Le condamné, s'il est resté détenu, se trouve en état de détention préventive ; il peut demander et obtenir sa mise en liberté provisoire. Et celle-ci doit lui être accordée très facilement, puisque la présomption d'innocence qui existe en faveur de tout inculpé est encore plus forte, s'il est possible, pour lui que pour un inculpé ordinaire qui comparaît pour la première fois devant le juge d'instruction.

Nous avons ainsi terminé notre étude sur l'évolution de la détention préventive et de la liberté provisoire pendant le procès pénal ; nous l'avons suivie depuis le moment où l'inculpé, sous le coup d'un mandat d'arrêt ou de dépôt, franchissait le seuil de la maison d'arrêt, jusqu'au moment où sa condamnation est devenue définitivement irrévocable, s'il nous est permis d'employer ce pléonasme. Mais notre travail serait incomplet si nous laissions de côté certains points qui touchent de si près à notre sujet qu'ils en sont des accessoires inséparables. C'est cette étude que nous allons maintenant entreprendre.

CHAPITRE III

RÉGIME ET MODES D'EXTINCTION
DE LA DÉTENTION PRÉVENTIVE

Nous nous proposons d'étudier dans ce chapitre
le régime auquel sont soumis les inculpés en état de
détention préventive ; ces notions n'avaient pas
de place bien marquée dans les deux chapitres précédents, aussi avons-nous cru bon d'en faire une
division spéciale pour ne pas encombrer l'exposé
du sujet. Nous verrons ensuite comment se termine
la détention préventive dans les divers cas que
nous avons envisagés ; nous aurions pu donner ces
détails au fur et à mesure de nos explications,
mais il nous a paru mieux de réunir ensemble tous
les modes d'extinction au lieu de les semer en
quelque sorte le long de notre thèse.

§ 1ᵉʳ. — RÉGIME DE LA DÉTENTION PRÉVENTIVE

181. Nous avons vu dans l'introduction historique que le régime de la détention préventive avait
été particulièrement dur, d'abord au point de vue
de la torture à laquelle étaient soumis les détenus

pour leur arracher un aveu, ensuite au point de vue
de l'existence qu'ils menaient dans les cachots, même en dehors des interrogatoires (1). Le docteur
Cabanès nous fournit des renseignements intéres-
sants sur le régime auquel étaient soumis les prisonniers de la Bastille : « ... Ce dernier détail
prouve, ainsi que des recherches récentes l'ont établi, que le régime des prisonniers de la Bastille
était des plus supportables. Outre que les détenus
pouvaient recevoir du dehors à peu près ce qui
leur plaisait, ils occupaient leurs loisirs à faire
de la chimie culinaire, à fabriquer des parfums
pour la toilette, des liqueurs, etc... » (2). Dans un
autre récit, le même auteur nous dit : « L'humidité
du nouveau cachot était telle que la robe noire de
la Reine ne tarda pas à tomber en lambeaux. On
l'avait enfermée dans une véritable glacière : l'é-
lévation de la chaussée qui séparait la Concierge-
rie de la Seine, au-dessus du niveau des cachots
et des cours, et le suintement de la terre, imbibée
par les eaux, répandait sur les dalles, sur les murs,
une humidité sépulcrale, qui ébréchait le ciment et
tachait de plaques de mousse verdâtre les pierres
de l'édifice. La Reine, qui avait eu de tout temps la
vue très basse et très délicate, semble, d'après des
dépositions authentiques, avoir perdu un œil par

(1) Voy. *supra*, n°ˢ 54 et 56.
(2) Dʳ Cabanès, Le cabinet secret de l'histoire, 4ᵉ série.
La prétendue folie du marquis de Sade, p. 287.

suite de cette humidité (1). Un peu plus loin, nous lisons : « Il est probable, a-t-on écrit, que lorsque Hébert conçut le dessein d'amener le jeune dauphin à diffamer sa mère, le cordonnier Simon lui prêta son concours le plus effectif, en troublant l'esprit de l'enfant par un excès de boisson, et en le pervertissant de toutes manières. » (2). Ces trois exemples, dont le premier semble contredire les deux autres, nous autorisent à affirmer qu'il n'y avait aucune réglementation effective du régime des détenus ; ceux-ci étaient seulement plus ou moins bien traités suivant qu'ils étaient en termes plus ou moins bons avec les gardiens, et c'était alors une question d'argent ou d'influences politiques.

182. Aussi de nombreuses lois ont-elles organisé d'une manière plus judicieuse les locaux et le régime des prisons (3). Comme ce point est un peu en dehors de notre sujet, nous citerons très rapidement l'ordonnance du 2 avril 1817 qui constitue les maisons centrales, l'ordonnance du 6 juin 1830 qui décide que ces maisons ne recevront que des condamnés soumis à l'emprisonnement de plus d'un an, la loi du 5 juin 1875 qui décide que les inculpés, prévenus et accusés seront à l'avenir individuellement séparés pendant le jour et la nuit ;

______

(1) Dʳ Cabanès, *op. cit.* L'accusation d'inceste portée contre Marie-Antoinette, p. 189 et note 2, p. 190.

(2) Dʳ Cabanès, *op.* et *loc. cit.*, p. 197 et notes 2 et 4.

(3) Dalloz, Suppl. au répertoire. Vº peine, p. 691, nº 638.

le décret du 11 novembre 1885 qui remplace l'arrêté ministériel du 30 octobre 1841, sur le service et le régime des prisons de courtes peines affectées à l'emprisonnement en commun (1) et la loi du 8 décembre 1897 qui réglemente la mise au secret.

183. Le législateur qui prenait une si grande peine pour les condamnés, devait faire quelque chose pour les inculpés en état de détention préventive qui, ne l'oublions pas, sont présumés innocents jusqu'à preuve contraire. Aussi a-t-il institué pour eux un régime spécial.

184. LOCAUX DANS LESQUELS SE SUBIT LA DÉTENTION PRÉVENTIVE. — L'article 603 du Code d'instruction criminelle prévoit, dans chaque arrondissement, la création d'une maison d'arrêt pour les prévenus, et près de chaque Cour d'assises, la création d'une maison de justice pour y retenir ceux contre lesquels il aura été rendu une ordonnance de prise de corps. L'article 604 ajoute que ces maisons seront entièrement distinctes des prisons établies pour peines. En fait, la détention préventive est subie dans les prisons départementales qui contiennent ainsi des prisonniers de toutes catégories ; mais le décret du 11 novembre 1885 crée de

____

(1) D. P., 86-4-75. Ce décret indique bien que le régime de l'emprisonnement individuel, organisé par la loi de 1875 n'était pas partout appliqué Il ne l'est du reste pas encore.

nombreuses divisions pour éviter la promiscuité. L'article 28 de ce décret établit une catégorie pour les prévenus et accusés sans antécédents judiciaires, et une pour les prévenus et accusés ayant déjà été condamnés. Les individus en état de détention préventive sont donc eux-mêmes séparés en deux catégories, suivant qu'ils ont ou n'ont pas de casier judiciaire. Mais ce décret de 1885 ne doit pas avoir une durée illimitée ; il ne doit rester en vigueur que jusqu'au moment, lointain encore, où la loi de 1875 pourra s'appliquer. Cette loi prescrit l'aménagement des prisons de courte peine où se subira la détention préventive ; elle s'applique au fur et à mesure de l'aménagement de ces prisons, remplaçant dans ces cas le décret de 1885.

185. RÉGIME DES DÉTENUS PRÉVENTIVEMENT. — Les condamnés sont soumis, dans la prison, à un régime très sévère : une discipline rigide pèse sur eux, ils sont astreints au travail et l'on emploie à leur égard les moyens que l'on croit susceptibles de les ramener dans le droit chemin. Il est évident que de telles mesures prises contre les inculpés auraient à bon droit paru vexatoires. Le décret de 1885 a réglementé leur situation : présumés innocents, ils n'ont pas besoin d'être ramenés au bien, aussi les moyens moralisateurs employés à l'égard des autres détenus ne les concernent-ils pas. Ils ne portent pas le costume spécial imposé aux prisonniers, et peuvent garder la barbe et les cheveux longs. Il leur est permis de travailler, mais ils n'y

sont pas obligés ; s'ils travaillent, ils sont assujettis aux mêmes règles que les condamnés pour l'organisation et la discipline des ateliers, mais ils profitent des sept dixièmes du produit de leur travail (décret de 1885, article 73). L'article 68 leur permet de réclamer la pistole : c'est une chambre meublée, située dans la prison et qu'ils peuvent louer à leurs frais ; la pistole n'a du reste de raison d'être que dans les prisons où le système de la détention individuelle n'a pas été encore appliqué, car elle est simplement instituée pour les inculpés qui veulent éviter de coudoyer à tout moment des individus tarés. Ils peuvent recevoir tous les jours des visites, tandis que les condamnés ne le peuvent que deux fois par semaine (1) ; les personnes qui veulent voir un détenu doivent être munies d'un permis de communiquer, délivré par le magistrat actuellement saisi de l'affaire ; quand il s'agit d'un condamné, c'est le préfet qui délivre le permis de communiquer. Le décret de 1885 règle minutieusement les détails au sujet des visites : les

---

(1) Règlement de la maison d'arrêt de Montpellier, en ce qui concerne les visites aux détenus :

Art 1. — Les prévenus accusés et détenus pour dettes et en matière de faillite pourront recevoir des visites tous les jours de une heure à 3 heures, sous réserve des droits conférés à l'autorité judiciaire pour les prévenus et les accusés. Chaque visite ne peut durer plus de demi-heure.

Art. 2. — Les condamnés ne pourront recevoir des visites que deux fois par semaine, le jeudi et le dimanche, de une heure à trois heures.

gardiens devront être présents, sauf autorisation
spéciale accordée par l'autorité compétente (celle
qui a délivré le permis de communiquer). Les détenus de catégories ou de sexes différents ne pourront être admis en même temps au parloir. Un
parloir spécial est réservé pour les visites des avocats : le prévenu communique seul à seul avec son
conseil, sans aucune réglementation quant au nombre et à la durée des visites. Les inculpés, prévenus et accusés peuvent, tous les jours également,
écrire et recevoir des lettres, tandis que les condamnés ne jouissent de cette faculté qu'une fois
par semaine ; mais la correspondance, à l'arrivée
et au départ, est lue et visée par le gardien chef,
de quelque catégorie de détenus qu'il s'agisse.

186. L'INTERDICTION DE COMMUNIQUER. — La mesure de beaucoup la plus grave quant au régime de
la détention préventive, c'est l'interdiction de communiquer. La loi de 1865 avait décidé (article 613
I. C.) que le juge d'instruction pouvait, au moyen
d'une ordonnance, qui devait être transcrite sur
le registre de la prison, interdire toute communication à l'inculpé. L'article 613 disait que cette
ordonnance ne pourrait s'étendre au delà de dix
jours, mais serait renouvelable. Il peut être utile,
pendant l'instruction préparatoire d'isoler les inculpés les uns des autres pour les empêcher de
s'entendre sur la version à donner au magistrat
instructeur, de les empêcher également de voir des
étrangers, ce qui pourrait amener une entente avec

les témoins. Le jour où la loi de 1875, qui prescrit
l'emprisonnement individuel pour les inculpés, prévenus et accusés, sera partout appliquée, l'interdiction de communiquer entre co-détenus deviendra inutile. Mais si la mise au secret est parfois
nécessaire, il ne faut pas oublier que la détention
préventive ne doit pas servir à arracher un aveu à
l'inculpé ; ce serait un retour à la torture (1). La
loi du 8 décembre 1897, dans son article 8, évite
cet inconvénient : « ... Le juge d'instruction aura
le droit de prescrire l'interdiction de communiquer
pour une période de dix jours ; il pourra la renou-
veler, mais pour une nouvelle période de dix jours
seulement. » Une circulaire ministérielle du 10 décembre 1897 commente et explique cet article : « la
durée de la mise au secret ne dépassera donc jamais vingt jours. Les magistrats instructeurs ne
sauraient oublier que, même ainsi limitée, cette
mesure aura toujours un caractère grave. Aussi
ne devra-t-elle être prescrite que lorsque les circonstances l'exigeront impérieusement. » Mais la
loi de 1897 ajoute qu'en aucun cas l'interdiction
de communiquer ne saurait s'étendre au conseil
de l'inculpé. Ainsi tandis que sous l'empire de la
loi de 1865 l'interdiction de communiquer pouvait être indéfiniment renouvelée de dix jours en
dix jours, la loi de 1897 fixe une durée maxima de

---

(1) M. Laborde signale une erreur judiciaire qui fut commise en 1861 à la suite d'une mise au secret trop prolongée. Laborde, *op. cit.*, p. 598, n° 893, note 2.

vingt jours. Notons en terminant que la loi belge
du 10 avril 1874, article 2, a limité ce maximum à
trois jours seulement.

§ II. — Modes d'extinction de la détention préventive

Après les explications détaillées que nous avons
données sur le rôle de la détention préventive pendant les diverses phases du procès pénal, nous
pourrons énumérer assez rapidement les modes
d'extinction de cette incarcération. Nous les di-
viserons en deux groupes : d'abord les modes d'extinction proprement dits, ceux qui font cesser définitivement la détention préventive ; ensuite ceux
qui ne font que la suspendre. Nous suivrons autant
que possible l'ordre chronologique, commençant
par l'instruction préparatoire pour arriver au moment où la décision (jugement ou arrêt) concernant l'inculpé sera devenue irrévocable.

A. *Modes d'extinction proprement dits*

187. Nous trouvons tout d'abord la liberté de
droit de l'article 113 § 2 : « ... le juge d'instruction
n'a pas le droit de la retirer ; l'inculpé, en faisant
défaut après son élargissement n'en est pas dé-
chu... aussi l'article 113 § 2 s'abstient-il de qualifier cette mise en liberté. C'est, à notre avis, une

extinction légale de la détention préventive... » (1)
Et en effet, dans ce cas, la durée de la détention
préventive est pour ainsi dire limitée à 5 jours ;
elle n'a d'autre raison d'être que la rapidité de
l'instruction, aussi peut-elle être de moindre durée
quand l'instruction est clôturée avant ce délai.

188. La détention préventive cesse encore définitivement si le juge d'instruction est d'avis que 'e
fait incriminé ne constitue qu'une contravention
de police et renvoie l'inculpé devant le tribunal de
simple police. C'est le cas prévu par l'article 129 ;
une disposition analogue est contenue dans l'art.
131 : « si le délit ne doit pas entraîner la peine de
l'emprisonnement, le prévenu sera mis en liberté,
à la charge de se représenter à jour fixe devant le
tribunal compétent. » Il s'agit ici d'un délinquant
passible du tribunal correctionnel, mais dont le
délit est si faible qu'il ne sera pas puni de prison.
L'article 131 décide que l'inculpé sera alors mis en
liberté « à la charge de se présenter à jour fixe devant le tribunal ». Par conséquent l'élargissement
se prolongera jusque là ; l'accusé comparaîtra libre et ne pourra subir d'autre détention. Pourtant
la présence des mots : « à la charge de se présenter à jour fixe devant le tribunal », laisse encore planer quelques doutes. Qu'arriverait-il si
le prévenu ne se présentait pas ? pourrait-on lui
retirer la liberté provisoire ? Nous ne le croyons

---

(1) Laborde, *op. cit.*, p. 596, n° 889.

pas : du moment que le fait qu'on lui reproche n'est pas passible d'emprisonnement, il serait illogique de l'incarcérer. La dernière proposition de l'article 131 nous paraît donc avoir été introduite à tort dans ce texte ; nous sommes bien en présence d'un mode d'extinction de la détention préventive, et non en présence d'une simple cause de suspension.

189. Enfin, le principal mode d'extinction qui peut se produire au cours de l'instruction préparatoire, c'est l'ordonnance de non-lieu : « Quand le juge d'instruction est d'avis que le fait ne présente ni crime, ni délit, ni contravention, ou qu'il n'existe aucune charge contre l'inculpé, il déclarera, par une ordonnance, qu'il n'y a pas lieu à poursuivre, et si l'inculpé avait été arrêté, il sera mis en liberté. » (art. 128). L'ordonnance doit être motivée ; elle peut l'être en fait ou en droit : en fait, quand le juge d'instruction déclare qu'il n'y a pas de charges suffisantes contre l'inculpé ; en droit, quand il affirme que le fait, bien qu'établi, n'est pas punissable. Cette distinction a une grande importance : si l'ordonnance est motivée en fait, elle pourra être révoquée s'il surgit contre l'inculpé de nouvelles charges rendant l'accusation vraisemblable ; tandis que si elle est fondée sur des motifs de droit indépendants des charges, elle est irrévocable. L'inculpé qui a bénéficié d'une ordonnance de non-lieu est mis en liberté sur l'ordre du ministère public ; mais comme le procureur de la République a vingt-quatre heures pour faire

opposition à l'ordonnance, l'ordre de mise en liberté peut être retardé d'autant.

190. Le juge d'instruction n'est du reste pas le seul qui puisse rendre une ordonnance de non-lieu : quand il s'agit d'un crime, la chambre des mises en accusation est saisie à un certain moment de l'instruction préparatoire ; c'est elle qui a alors qualité pour renvoyer l'inculpé devant la cour d'assises ou rendre une ordonnance de non-lieu. Il se peut, en effet, que le fait sur lequel porte l'instruction prenne par la suite un caractère spécial qui ne laisse pas subsister la culpabilité de l'inculpé (on s'apercevra, par exemple, que celui-ci était en état de légitime défense) ; il se peut aussi que ce fait soit bien un crime, mais que la culpabilité ne soit pas suffisamment établie pour motiver un renvoi devant la Cour d'assises. Dans ces conditions, la chambre des mises en accusation rendra une ordonnance de non-lieu qui aura les mêmes caractères que ci-dessus, c'est-à-dire que l'inculpé sera définitivement libéré si cette ordonnance est motivée en droit, mais pourra de nouveau être poursuivie si elle n'est motivée qu'en fait. L'article 246 fait sur ce point des réserves expresses.

191. Après la clôture de l'instruction préparatoire, la détention préventive peut être suspendue par la liberté provisoire jusqu'à la fin du procès ; mais là, elle s'éteindra définitivement de diverses manières. Si le prévenu est acquitté, condamné à l'emprisonnement avec sursis ou à l'amende, ou à une peine d'emprisonnement déjà absorbée par la

détention préventive qu'il a subie, il sera immédiatement et nonobstant appel mis en liberté (art. 206, loi du 13 juillet 1909). S'il était maintenu en prison, il serait en état de détention préventive, tant que la condamnation ne serait pas devenue définitive ; c'est donc un mode de cessation de la détention préventive. Nous croyons que c'est bien un mode d'extinction et non pas seulement une cause de suspension : cette mise en liberté n'a pas le caractère provisoire, elle n'est subordonnée à aucune condition, à aucune promesse de la part du prévenu ; si le ministère public ne fait pas appel, cet individu n'est plus passible d'emprisonnement ; si le ministère public fait appel, le prévenu a pour lui un jugement qui le place dans une situation favorable ; cette situation ne sera peut-être pas modifiée par la Cour, le législateur n'a pas voulu permettre de l'aggraver sur un simple recours.

192. Enfin, la détention préventive cesse quand une condamnation à l'emprisonnement prononcée contre le prévenu est devenue irrévocable. Ici, nous sommes en présence d'un état de choses qui disparaît pour faire place à un autre, plus grave, tandis que jusqu'ici c'était le contraire. Le condamné à l'emprisonnement, dont la condamnation est devenue définitive, reste évidemment détenu, mais il ne bénéficie plus du régime adouci de la détention préventive. Celle-ci est éteinte.

B. *Mesures qui suspendent la détention préventive*

193. C'est le second groupe ; il comprend la mise en liberté dans tous les autres cas. A proprement parler, c'est pour ceux-ci que l'on devrait garder le qualificatif de provisoire, car l'élargissement du prévenu est alors une mesure de faveur essentiellement révocable, qu'elle émane du juge d'instruction, de la chambre des mises en accusation, du tribunal correctionnel ou de la Cour d'assises (loi du 8 décembre 1897, art. 11). La liberté provisoire ainsi accordée a toujours le même caractère : elle peut être demandée et accordée en tout état de cause, c'est une mesure de faveur, elle peut être soumise à un cautionnement. Ce qu'il importe d'étudier, ce sont certaines particularités concernant sa révocabilité.

194. La liberté provisoire n'est généralement pas retirée à l'inculpé si certaines circonstances ne modifient pas la situation : l'article 115 dit, en effet, que le juge d'instruction pourra décerner un nouveau mandat d'arrêt ou de dépôt «... si des circonstances nouvelles et graves rendent cette mesure nécessaire ». Cet article diminue même les pouvoirs du juge d'instruction dans un cas spécial. « Toutefois, si la liberté provisoire avait été accordée par la chambre des mises en accusation réformant l'ordonnance du juge d'instruction, le juge d'instruction ne pourrait décerner un nouveau

mandat qu'autant que la Cour, sur les réquisitions du ministère public, aurait retiré à l'inculpé le bénéfice de la décision. » Voici l'hypothèse prévue : un inculpé demande au juge d'instruction la liberté provisoire ; le juge d'instruction rend une ordonnance par laquelle il rejette cette demande ; l'inculpé fait opposition à l'ordonnance, et la chambre des mises en accusation, compétente pour statuer sur l'opposition accorde la liberté provisoire ; cet incident vidé, l'inculpé revient devant le juge d'instruction, qui continue l'instruction préparatoire. Il eût été dangereux de permettre au juge d'instruction de décerner à nouveau un mandat d'arrêt ou de dépôt contre cet inculpé. Aussi devons-nous approuver la disposition de l'article 115, § 2, qui décide qu'une telle mesure ne pourra être prise que si la chambre des mises en accusation elle-même retire à l'inculpé la faveur qu'elle lui avait accordée.

195. Ce n'est là qu'un cas spécial : le § 1er vise le cas général : l'inculpé mis en liberté provisoire, ne pourra plus être l'objet d'un nouveau mandat de dépôt ou d'arrêt, que si des circonstances graves l'exigent. De plus, comme la liberté provisoire est généralement subordonnée à certains engagements de l'inculpé, celui-ci se verra retirer cette faveur s'il ne tient pas ses promesses : si, sans excuse valable, il ne se présente pas à un acte de la procédure ; s'il organise sa fuite, ou si, par corruption ou autrement, il cherche à se rendre les témoins favorables.

CHAPITRE IV

LA DÉTENTION PRÉVENTIVE AU POINT DE VUE DE L'EXÉCUTION DE LA PEINE (imputation)

196. A quel moment commence l'exécution de la peine ? Il semble que l'on ne puisse faire qu'une réponse raisonnable : une peine ne doit être susceptible d'exécution que quand elle est définitive. Et pourtant est-il juste d'adopter ce point de départ pour un inculpé qui a déjà subi une longue période de détention préventive ? N'y a-t-il pas lieu de modifier dans certains cas ce principe ? A ce point de vue, la question de l'exécution des peines a été résolue de différentes façons depuis le Code de 1810, et nous sommes heureux de constater qu'ici encore ce n'est pas un recul, mais un progrès vers l'équité, qui a été accompli. Nous pouvons distinguer trois périodes pendant lesquelles des systèmes différents ont été suivis : de 1810 à 1832, c'est le système du Code de 1810 qui est en vigueur ; en 1832, une modification est apportée et dure jusqu'en 1892, époque où l'on vote la loi qui régit encore actuellement la matière. Nous étudierons dans un même paragraphe les deux premières périodes, et nous ferons ensuite un exa-

men approrondi du système introduit par la loi de 1892.

§ Ier. — L'Imputation de la détention préventive

Systèmes du code de 1810 et de la loi de 1832

197. Sous l'empire du Code de 1810, l'imputation de la détention préventive ne se faisait pas ; les peines pouvaient être exécutées du jour où elles étaient devenues irrévocables, et aucune dérogation n'était admise en faveur du condamné ; bien au contraire, dans le cas où une condamnation aux travaux forcés était prononcée, le condamné devait être exposé, et l'exécution de la peine ne commençait à courir qu'à partir de cette exposition. Puis, cette peine accessoire devint facultative, et les travaux forcés furent soumis au principe général ; ajoutons que la peine de l'exposition a été définitivement abolie par le décret du 12 avril 1848.

198. Une première modification fut apportée à cette manière de voir par la loi du 28 avril 1832. Cette loi conserve bien le principe que « la durée des peines temporaires comptera du jour où la condamnation sera devenue irrévocable » (art. 23 C. Pén.) mais ajoute, dans l'article 24, une disposition libérale : « Néanmoins, à l'égard des condamnations à l'emprisonnement prononcées contre les individus en état de détention préalable, la durée de la peine, si le condamné ne s'est pas pourvu,

comptera du jour du jugement ou de l'arrêt, nonobstant l'appel ou le pourvoi du ministère public, et quel que soit le résultat de cet appel ou de
ce pourvoi. Il en sera de même dans les cas où la
peine aura été réduite sur l'appel ou le pourvoi
du condamné. »

199. Cette loi de 1832 n'admettait donc l'imputation que pour la période comprise entre le jugement et l'arrêt quand il y avait appel, mais ne
tenait pas compte de la détention préventive subie
pendant l'instruction préparatoire : « L'emprisonnement préalable, a dit M. Dumon dans son rapport, est un tribut que chacun paye à la sécurité
de tous ; l'innocent, qu'une détention préalable a
frappé, ne peut obtenir aucune réparation. Trai-
tera-t-on le coupable avec plus de faveur ? D'ailleurs, l'emprisonnement préalable diffère trop de
la plupart des peines, pour qu'on puisse l'assimiler avec elles et le précompter sur leur durée. Quel
rapport y a-t-il, par exemple, entre l'emprisonnement préalable et les travaux forcés ? » (1)

200. L'article 24 C. Pén., modifié par la loi de
1832, n'accordait donc qu'une imputation incom-
plète ; de plus, c'était une disposition exceptionnelle, régie par des règles très sévères et, que
l'on interprétait restrictivement ; il fallait d'abord
que le prévenu fût en état de détention préalable ;

____

(1) Dalloz, Répertoire de législation, t. 35, V° Peine,
n° 229, p. 605.

et s'il avait été mis en liberté provisoire, par exemple un mois après le jugement, le ministère public ayant fait appel, il ne pouvait demander l'imputation de ce mois de détention qu'il avait subi après le prononcé du jugement. Il fallait ensuite, si le prévenu avait fait appel lui-même, qu'il ait obtenu une diminution de peine ; si la cour avait confirmé purement et simplement, l'imputation ne lui était pas accordée ; on espérait ainsi réduire le nombre des appels inconsidérés faits par les prévenus. Cette disposition était même sévèrement interprétée, puisque la Cour de cassation a décidé, le 10 mai 1839, que l'on ne pouvait considérer comme réduction de peine la réduction de la durée de la contrainte par corps, attendu que la contrainte par corps n'est pas une peine. Enfin, si l'inculpé, ayant fait appel, se désiste, la Cour, en donnant acte de ce désistement, ne pouvait pas décider que la condamnation serait comptée du jour du jugement (1).

§ II. L'IMPUTATION DE LA DÉTENTION PRÉVENTIVE. SYSTÈME DE LA LOI DE 1892.

201. Cette imputation établie par la loi de 1832 n'était pas suffisante ; les Codes étrangers (2) ont, en général, édicté sur cette matière des prescrip-

---

(1) Cass. crim , 11 juin 1829.
(2) *Journal officiel*, 29 octobre 1892. Chambre annexes, p. 2234.

tions beaucoup plus libérales. Certains ont décidé que l'imputation serait obligatoire : Code pénal belge de 1867 (art. 30) et Code pénal italien de 1889 (art. 40) ; d'autres ont établi seulement une imputation facultative, tels sont le Code allemand de 1870 (art. 60), le Code hongrois de 1878 (art. 94) et le Code hollandais de 1881 (art. 27). D'autres législations enfin ont pris des mesures générales qui laissent presque entière l'appréciation du juge ; c'est ainsi qu'en Russie, l'article 153 du Code pénal donne aux magistrats la faculté d'abaisser la peine « quand le prévenu a subi une longue détention préventive » ; de même, le Code de Genève ordonne au juge de tenir compte autant que possible de la détention préventive subie avant la condamnation. Nous trouvons des dispositions analogues dans les Codes de Glaris (art. 39), de Zurich (art. 63), de Bâle (art. 37), du Tessin (art. 33), de Zug (art. 39), de Gall (art. 41), d'Appenzell (art. 5).

Le Code de Neufchâtel, le plus récent de tous, puisqu'il n'a été mis en vigueur qu'en 1891, après avoir posé en principe (art. 20, § 2), que la détention préventive, même subie hors du canton, peut être portée partiellement ou totalement en déduction de la durée de la peine, ajoute : elle devra l'être, lorsque le coupable, hors le cas de flagrant délit, a fait des aveux complets dès le premier interrogatoire (1).

---

(1) Dalloz. Supplément au répertoire. V° Peine, n° 189, p. 620.

202. Dans ce mouvement universel, la France ne devait pas rester en arrière : le 11 juin 1888, une proposition de loi fut présentée à la Chambre des députés par MM. Félix Le Roy et de La Batie. Sans vouloir faire un historique approfondi, disons seulement que cette loi fut votée à la Chambre le 14 mai 1889, et transmise au Sénat qui la vota avec quelques modifications le 18 février 1892. Elle fut retournée le 25 à la Chambre, votée définitivement le 8 novembre, et promulguée au *Journal officiel* le 17 du même mois.

203. Une première question qui se posait était la suivante : adopterait-on l'imputation obligatoire comme en Belgique, ou l'imputation facultative comme en Allemagne ? Dans le premier cas, on risquait de faire jouir l'inculpé d'un régime de faveur pendant toute la durée de la peine : « En cachant son nom et en dissimulant son identité, en refusant de répondre à l'instruction, en imaginant des crimes qui n'ont pas été commis, ou en s'accusant de crimes dont il est innocent, le criminel, certain d'être condamné, et certain en même temps de bénéficier de l'imputation, pourrait prolonger systématiquement une détention préventive qui retarde le jour, qu'il redoute, où il sera soumis à un régime plus rigoureux. Si l'imputation était un droit absolu, indélébile, ce criminel en profiterait. » (1) Mais si l'on adoptait le sys-

____

(1) Rapport de M. Graux à la Chambre des députés le 29 octobre 1892. *Journal officiel*, n° 2378.

tème du Code belge, décidant que la non-imputation est la règle, mais que le juge peut y déroger, il était à craindre que le nombre de ces dérogations ne fût si petit que la loi de 1892 aurait manqué son but. Aussi a-t-on choisi un système intermédiaire : « il fait de l'imputation la règle, en ce sens que, si le juge ne s'explique pas sur ce qui la concerne, elle a lieu de plein droit et intégralement, comme dans le premier système ; mais à cette règle, il permet de déroger à la condition qu'en y dérogeant, le jugement ou l'arrêt de condamnation s'expliquera sur la dérogation, par une disposition spéciale et motivée, ce qui revient à laisser en dernière analyse le pouvoir d'imputer ou de ne pas imputer entre les mains du juge, comme dans le système hongrois et hollandais, mais en donnant au condamné des garanties que ne lui offrent pas la loi hongroise et la loi néerlandaise. » (1)

204. La loi de 1892 a été ainsi rédigée :

« Article premier. — Les articles 23 et 24 C. Pén. sont abrogés et remplacés par les dispositions suivantes :

» Art. 23. — La durée de toute peine privative de la liberté compte du jour où le condamné est détenu en vertu de la condamnation, devenue irrévocable, qui prononce la peine.

---

(1) Rapport supplémentaire de M. Morellet au Sénat le 3 juillet 1891. *Journal officiel*, Sénat, annexes, n° 151.

» Art. 24. — Quand il y aura eu détention préventive, cette détention sera intégralement déduite de la durée de la peine qu'aura prononcée le jugement ou l'arrêt de condamnation, à moins que le juge n'ait ordonné, par disposition spéciale et motivée, que cette imputation n'aura pas lieu, ou qu'elle n'aura lieu que pour partie. — En ce qui concerne la détention préventive comprise entre la date du jugement ou de l'arrêt, et le moment où la condamnation devient irrévocable, elle sera toujours imputée dans les deux cas suivants :

» 1° Si le condamné n'a pas exercé de recours contre le jugement ou l'arrêt ;

» 2° Si, ayant exercé un recours, sa peine a été réduite sur son appel ou à la suite de son pourvoi. »

Les articles 2 et 3 stipulent que ladite loi n'aura pas d'effet rétroactif, et s'appliquera à l'Algérie et aux colonies.

205. Le nouvel article 23 conserve le principe que la peine ne commence à courir que du jour où le condamné est détenu en vertu de la condamnation devenue irrévocable ; mais puisque l'article suivant organise l'imputation de la détention préventive, nous pouvons dire que l'article 23 s'applique seulement au cas où le condamné est en liberté. Dans ce cas, cet article met fin à la controverse suivante : on s'est demandé, quand le condamné était ainsi arrêté, en vertu de sa condamnation devenue définitive, quand commençait sa peine : un condamné est appréhendé à Montpellier par la gendarmerie ; le tribunal (ou la Cour) a prononcé con-

tre lui une peine supérieure à un an de prison ; cette peine doit, par conséquent, être subie dans une maison centrale, à Nimes, par exemple (1) ; commencera-t-elle le jour de son arrestation, ou le jour de son écrou dans la maison centrale de Nimes ? L'article 23 répond à cette question : « La durée.... compte du jour où le condamné est détenu... », par conséquent, du jour de son arrestation. Au surplus, si ce condamné, avant d'être mis en liberté provisoire, avait subi une ou plusieurs périodes de détention préventive, cette détention s'imputerait sur la peine de la façon réglée par l'article 24. Et nous pensons qu'il ne serait même pas nécessaire que cette détention préventive ait été subie pour le délit qui a motivé la condamnation ; en effet, cette condition qui figurait dans le projet de loi voté en premier lieu au Sénat, ne se retrouve pas dans la loi ; nous pouvons en conclure qu'elle a été volontairement écartée. Il suffit que cette détention préventive ait été antérieure à l'exécution de la peine pour qu'elle puisse être imputée. C'est le système adopté par le Code des Pays-Bas, tandis que le Code belge décide en sens contraire.

206. Le point le plus important de la réforme réside dans l'article 24 : c'est lui qui règle les conditions dans lesquelles doit se faire l'imputation,

_____

(1) La maison centrale de Montpellier ne reçoit que des femmes.

et il distingue deux périodes : 1° depuis l'incarcération du prévenu jusqu'au jour de la condamnation en premier ressort ; 2° depuis le prononcé de cette condamnation jusqu'au moment où elle est devenue irrévocable. Nous suivrons la même division.

207. Première période. — La détention préventive subie jusqu'au jour où la condamnation est prononcée sera intégralement déduite, à moins que le juge n'ait ordonné, par disposition spéciale et motivée, que cette imputation n'aura pas lieu, ou qu'elle n'aura lieu que pour partie. C'est l'imputation légale avec faculté de dérogation laissée au juge. Si le système contraire avait été adopté, on aurait pu craindre que le juge, par oubli ou négligence, ne fît pas une imputation qu'il eût été raisonnable de faire ; dans l'état actuel de la législation, cette imputation se fait, au contraire, automatiquement, sauf décision motivée du juge. Quant à la détermination de la détention préventive elle-même, il nous semble que la Cour de cassation a émis une opinion trop rigoureuse en disant : « Attendu qu'on ne saurait assimiler à la détention préventive l'arrestation momentanée, la mise en surveillance, la garde à vue, la conduite devant le magistrat compétent, imposées temporairement à un individu par des officiers de police auxiliaire ou de simples particuliers agissant, en cas de flagrant délit, sans mandat ; …qu'il suit de là que Dehouk est mal fondé à prétendre que le

temps écoulé entre son arrestation et son incarcération constatée par un acte d'écrou régulier doit
être compris dans la détention préventive imputa-
ble sur la durée de la peine prononcée contre
lui... » (1) Nous pensons qu'il est plus équitable de
faire commencer la détention préventive au jour
de l'arrestation ; l'article 258 du Code de justice
maritime le dit, du reste, expressément : « Est
réputé en état de détention préventive tout individu privé de sa liberté sous l'inculpation d'un
crime ou d'un délit. » Cette disposition devrait
être généralisée, car toute atteinte à la liberté individuelle doit recevoir une compensation.

208. Deuxième période. — « En ce qui
concerne la détention préventive comprise entre la
date du jugement ou de l'arrêt et le moment où la
condamnation devient irrévocable, elle sera toujours imputée dans les deux cas suivants :

» 1° Si le condamné n'a pas exercé de recours
contre le jugement ou l'arrêt ;

» 2° Si, ayant exercé un recours, sa peine a été
réduite sur son appel ou à la suite de son pourvoi. »
(art. 24, § 2, C. Pén.)

Plusieurs hypothèses peuvent donc se présenter
pendant cette seconde période, l'article 24 en envisage deux, mais il y en a d'autres : le condamné
peut, en effet, échouer dans son recours ; il peut

---

(1) Cass. crim. r., 16 mars 1893, D. P., 93-1-534.

en exercer plusieurs, échouer dans tous ou réussir
dans quelques-uns et échouer dans les autres. Nous
examinerons séparément tous ces points.

209. LE CONDAMNÉ N'A EXERCÉ AUCUN RECOURS. —
Pour que la question puisse se poser, il faut pourtant qu'une voie de recours ait été exercée ; elle
l'aura été par le ministère public. L'article 24 Code
pénal, accorde alors de plein droit au condamné
l'imputation de la détention préventive qu'il a subie depuis le jugement. Et c'est parfaitement juste : si l'imputation n'était pas accordée, il y aurait
une aggravation, et celle-ci ne serait basée sur rien.
Admettons, en effet, que la peine ait été réduite sur
appel du ministère public ; il serait profondément
illogique d'appliquer une disposition contraire à
celle prévue par l'article 24 quand c'est le prévenu
qui obtient une diminution. Si la peine a été simplement maintenue, c'est une preuve que les premiers juges avaient bien jugé et que le ministère
public a eu tort de faire appel ; dans ce cas, on ne
doit pas rendre le condamné responsable des len-
teurs de procédure occasionnées par ce recours, et
lui faire subir une période supplémentaire de détention qu'il n'aurait rien fait pour encourir. Bien
plus, quand le condamné n'a pas fait appel, l'imputation de la deuxième période se fait même si la
condamnation a été aggravée sur appel du ministère public : « A l'avenir, comme dans le passé,
l'intervention du ministère public ne pourra empêcher l'imputation quel que soit le résultat de

l'appel ou du pourvoi. Si l'imputation qui existe de plein droit, dans le silence du magistrat, aux termes du premier paragraphe, peut être supprimée en tout ou en partie, par la juridiction supérieure à la suite du recours du ministère public, il n'en est pas de même de l'imputation prévue par le second paragraphe, qui est obligatoire en cas de non-appel du prévenu ou en cas de diminution de la peine. Cette imputation est irréductible pour la période comprise entre la date du jugement et celle de l'irrévocabilité de la condamnation. Il est, par conséquent, indifférent pour le condamné que sa peine soit aggravée sur l'appel du ministère public. Elle s'applique même à la détention subie pour un autre fait que celui qui a motivé la décision judiciaire... Si le prévenu est acquitté en première instance, et condamné par la Cour, sur l'appel du ministère public... la détention préventive est imputée sur la peine à subir... » (1). Si le nouvel article 24 avait besoin d'être interprété, nous trouverions là bien des arguments favorables à la doctrine que nous soutenons.

210. LE CONDAMNÉ A EXERCÉ UNE VOIE DE RECOURS.

____

(1) Rapport de M. Graux, *Journal officiel*, 29 octobre 1892. Chambre, annexes, p. 2237. Cette dernière hypothèse est irréalisable puisque le prévenu acquitté doit être mis en liberté immédiatement et nonobstant appel. L'art. 206 (I. C.) était ainsi rédigé en 1865. M. Graux a donc fait une erreur.

— Il a fait appel d'un jugement de condamnation prononcé par le tribunal correctionnel. Si la cour diminue la peine infligée par le jugement, le cas est réglé par l'article 24 Code pénal : l'imputation de la détention préventive subie entre le jugement et l'arrêt est obligatoire.

211. Dans les deux cas que nous venons d'envisager, la solution est donnée expressément par la loi. Mais quid, si le jugement a été confirmé purement et simplement ? La rédaction de l'article 24 soulevait une controverse : l'imputation admise dans les deux cas spécifiés, devait-elle l'être aussi dans les autres, et dans quelle mesure ? Le nouvel article 24 paraissait ne rien changer au système établi par la loi de 1832, et pourtant le législateur de 1892 tendait à plus de libéralité. On a admis en définitive que l'imputation était obligatoire dans les hypothèses prévues à l'art. 24, et qu'elle était légale avec faculté de dérogation (comme pour la première période) dans les autres cas. La Cour de cassation a admis cette doctrine : le nommé Deletombe avait été condamné à un an et un jour de prison le 1er mars 1893 par le tribunal correctionnel de Lille ; sur son appel, la Cour de Douai confirma le jugement, le 22 mars. L'imputation de cette période de détention préventive (du 1er au 22 mars) devait-elle être faite ? Le procureur général près la Cour de Douai prétendit que non. Deletombe adressa alors une requête à la Cour de Douai qui rendit un arrêt par lequel elle considérait comme simplement facultative l'imputation de la pé-

riode en question, parce que le condamné n'avait
pas obtenu une diminution de peine sur son appel ;
elle décidait en conséquence que cette imputation
ne serait pas faite parce que l'arrêt ne l'avait pas
expressément accordée. Deletombe se pourvut devant la Cour de cassation, et celle-ci, dans ses motifs, admit l'imputation : « Attendu que l'article
24, dans son second paragraphe, visant exclusive-
ment le cas où le condamné n'a pas exercé de voie
de recours et le cas où son recours lui a procuré
une réduction de peine, refuse alors au juge le droit
d'ordonner que la détention préventive comprise
entre la date du jugement ou de l'arrêt et le moment où la condamnation devient irrévocable ne
sera pas déduite de la durée de la peine, mais que
cette disposition, qui reproduit un tempérament
que, dans les deux cas précités, l'ancienne législation elle-même apportait à sa rigueur, n'implique,
en aucune façon, le maintien, même partiel, de cette
rigueur à l'égard du condamné qui succombe dans
le recours par lui exercé ; qu'au contraire, le cas
de ce condamné est manifestement compris dans la
règle générale posée par le nouvel article 24, et que
dès lors, à quelque époque que se place la détention préventive subie par celui qui échoue dans
son recours, elle doit être imputée sur la peine par
cela seul que le jugement n'exclut pas expressément cette imputation ; — et attendu qu'il suit de
tout ce qui précède qu'en rejetant la requête de
Deletombe, la Cour de Douai a formellement violé

le nouvel article 24, Code pénal... » (1) Quelque
temps après, la Cour de cassation rendait un autre
arrêt dans lequel elle déclarait : « Attendu que
d'après le premier paragraphe de l'article 24 tel
qu'il a été modifié par la loi du 15 novembre 1892,
« quand il y aura eu détention préventive, elle doit
» être intégralement déduite de la durée de la peine
» prononcée par le jugement ou l'arrêt, à moins
» d'une disposition contraire dûment motivée » ;
— Attendu que les termes de cet article sont généraux et absolus ; qu'ils excluent toute distinction
dès qu'il y a eu détention préventive ; qu'ils
visent tous les cas où elle s'est produite
sans faire d'exception et permettent dès lors
la déduction, que l'appelant ait succombé ou réussi
en son recours ; — que sans doute le second paragraphe du même article accorde toujours l'imputation quand le condamné a obtenu en appel une réduction de peine, mais qu'on n'en peut conclure
qu'au cas contraire la déduction sera toujours impossible ; — qu'en effet, ce second paragraphe
n'apporte pas une exception à la règle générale
contenue au premier, mais applique cette règle,
avec une faveur spéciale, dans deux cas qu'il dé-
termine en reproduisant un tempérament que la
précédente législation admettait. » (2) La question
est donc définitivement résolue : l'imputation est

---

(1) Cass., 18 mai 1893, D. P. 93-1-535.
(2) Cass., 24 juin 1893, D. P., 93-1-536.

obligatoire dans les deux cas visés par l'article 24, § 2 ; elle est légale, selon le principe général, dans tous les autres cas.

212. Cette détention préventive étant légale avec faculté de dérogation, le juge peut l'écarter, mais il ne peut le faire que par une décision motivée; et la jurisprudence de la Cour de cassation, se montrant sur ce point d'une libéralité inaccoutumée, a considéré comme insuffisant le motif que le condamné a fait un appel injustifié : « La décision par laquelle le juge refuse au condamné le bénéfice de la détention préventive sur la durée de la peine doit être spécialement motivée. — Ainsi, la décision portant « qu'il y a lieu de faire droit à l'appel a minima du ministère public et de déclarer que la détention préventive ne sera pas déduite », doit être annulée comme insuffisamment motivée. De même, on ne saurait tenir comme légalement motivée, la décision qui retire au prévenu le bénéfice de l'imputation de la détention préventive par cette seule considération « que l'appel du prévenu ne paraît avoir été émis que pour prolonger la durée de la détention préventive » — ou « que le prévenu ne produisant à l'appui de son appel aucun motif sérieux, il y a lieu de faire droit à l'appel du ministère public touchant la non-imputation de la détention préventive » — ou encore « que le prévenu ne justifie pas le mérite de son appel, qu'il n'a, à l'audience de la Cour, invoqué et fait valoir aucune circonstance ni aucune considération qui soit de nature à expliquer cet appel, qu'il n'a eu évidemment

d'autre but que celui de prolonger l'état et le régime de la prévention » — ou enfin « que le prévenu
n'a pu en aucune façon justifier son appel et que
les raisons qu'il a invoquées ne permettent pas de
douter qu'il a voulu terminer sa peine en bénéfi-
ciant du régime de la prévention » (1).

213. Donc, si le condamné a échoué dans son appel, la détention préventive qu'il a subie sera imputée sur la peine, sauf décision contraire. On avait
proposé à la Chambre une autre solution : « ...Pour
bénéficier, en effet, de l'imputation pendant cette
seconde période, il faut que le condamné qui a
interjeté appel ait obtenu une réduction de peine.
En suspendant l'exécution de la peine, son appel
téméraire prolonge sa détention. » (2) Mais cette
proposition a été rejetée, car elle aurait réduit le
droit d'appel accordé au prévenu ; or, ce droit
est d'ordre public ; du reste, le condamné peut es-
pérer de très bonne foi une diminution de peine, et
voir simplement confirmer le jugement. Le juge
qui statuera en dernier lieu pourra donc accorder
l'imputation de la détention préventive, ou la refuser par un arrêt spécialement motivé. Il peut même
accorder l'imputation pour la première période, si
le juge de première instance l'avait refusée ; il
peut enfin retirer l'imputation précédemment accor-

---

(1) Cass , 8 février, 15 février, 21 mars, 27 mars, 12 avril,
10 mai 1902, D. P., 02-1-377.
(2) *Journal officiel*, 29 octobre 1892. Chambre, annexes,
p. 2237.

dée pour cette première période. Mais comme la
Cour ne peut aggraver la peine sur le seul appel du
condamné, pour que ce retrait puisse avoir lieu, il
faut que le ministère public ait fait appel de son
côté. Ici encore, l'arrêt qui retire l'imputation doit
être spécialement motivé ; la Cour, pour retirer au
condamné le bénéfice de l'imputation que lui a laissée le tribunal ne peut s'inspirer de l'absence de
tout motif de son appel. C'est pourtant ce qu'avait
fait la Cour de Montpellier le 28 décembre 1905 :
« Attendu que le prévenu ne donne aucun motif
sérieux pour justifier son appel, il y a lieu de faire
droit à l'appel à minima de M. le procureur général... par ces motifs, la Cour... condamne Gasciarino à trois mois d'emprisonnement sans imputation de la détention préventive... » Gasciarino forma un pourvoi devant la Cour de cassation, qui décida : « Attendu que l'article 24, Code pénal, porte
que la détention préventive doit être intégralement
déduite de la durée de la peine, à moins que le juge
n'ait ordonné, par une décision motivée, que cette
imputation n'aurait pas lieu ; — attendu que, par
arrêt du 28 décembre 1905, la Cour d'appel de
Montpellier a confirmé une peine à 3 mois d'emprisonnement prononcée par le tribunal correctionnel de Montpellier contre Gasciarino et décidé, en
outre, que la détention préventive ne serait pas imputée sur la peine ; — que la Cour d'appel, après
avoir adopté les motifs des premiers juges, ajouté :
« Attendu que le prévenu ne donne aucun motif sérieux pour justifier son appel, il y a lieu de dire

11

droit à l'appel à minima du procureur général » ;
— attendu que cette déclaration ne saurait constituer un motif conforme au vœu de la loi ; que
l'exercice même injustifié du droit d'appel par le
prévenu ne saurait être considéré comme une raison d'aggraver sa situation pénale ; que la décision attaquée ne contenant d'autre motif, en ce qui
touche la non-imputation de la détention préventive, manque donc de base légale et doit être cassé ;
— casse et annule l'arrêt de la Cour d'appel de
Montpellier du 28 décembre 1905, et, pour être
statué à nouveau, conformément à la loi, renvoie
l'accusé et les parties devant la Cour d'appel de
Nimes, chambre des appels correctionnels, à ce
désignée... » (1) En résumé, quand le condamné
n'a exercé qu'un recours, si sa peine est diminuée,
l'imputation de la deuxième période de détention
préventive est obligatoire ; si, au contraire, il
échoue dans son recours, l'imputation est légale,
suivant le principe général, et se fait, par conséquent, automatiquement, sauf si le juge la refuse
par une décision dûment motivée.

214. Le condamné a exercé deux voies de recours. — Condamné par le tribunal correctionnel,
il a fait appel, puis s'est pourvu en cassation. S'il
triomphe dans ses deux recours, l'imputation de

---

(1) Cass., 9 février 1906, Bulletin des arrêts de la Cour
de Cassation rendus en matière criminelle, 1906, n° 69,
p. 118.

chaque période sera obligatoire ; s'il échoue tout le temps, elle sera légale ; mais les difficultés surgissent si les résultats de ses recours sont différents.

215. *Il a gagné au début et perdu à la fin.* — Condamné à un an de prison par le tribunal correctionnel, il a fait appel, et la Cour a réduit la peine à huit mois ; espérant obtenir devant une autre Cour une diminution plus importante, il a formé un pourvoi devant la Cour de cassation ; ce pourvoi a été rejeté. Ce condamné bénéficiera de l'imputation obligatoire pour la période qui s'est écoulée entre le jugement et l'arrêt de la Cour d'appel, en vertu de l'article 24, § 2, Code pénal ; mais l'imputation sera-t-elle obligatoire pour la période comprise entre l'arrêt de la Cour d'appel et celui de la Cour de cassation ? On a soutenu l'affirmative (1) en disant que l'article 24 se contentait d'un succès sur l'appel ou sur le pourvoi pour accorder le bénéfice de l'imputation obligatoire. « Mais c'est mal raisonner que d'invoquer le texte en vue d'une hypothèse que le législateur n'a pas vue. L'esprit de la loi est de récompenser par l'imputation obligatoire le succès du condamné dans ses voies de recours. Il faut donc, pour rester fidèle à cet esprit, appliquer l'imputation obligatoire à la sous-demi-période qui précède le recours qui a réussi, et ne

____

(1) Vidal, Loi du 15 novembre 1892, p. 69.

pas l'appliquer à celle qui précède le recours qui
a échoué... » (1) Adoptant cette doctrine, et l'appli-
quant à l'exemple que nous avons choisi, nous dirons donc que l'imputation sera obligatoire pour
la période comprise entre le jugement et l'arrêt de
la Cour d'appel, et légale, selon le principe général, pour la période comprise entre cet arrêt et
celui de la Cour de cassation.

216. *Il a perdu au début et gagné à la fin.*— L'appel a échoué, mais la Cour de cassation a admis le
pourvoi, et la nouvelle juridiction devant laquelle il
a été renvoyé a prononcé une diminution de peine.
Ici tout le monde est d'accord pour décider que
l'imputation sera obligatoire pour tout le temps qui
s'est écoulé depuis le jugement. En effet, puisque le
pourvoi a été admis et que la nouvelle juridiction
a prononcé une réduction de peine, l'imputation est
obligatoire, d'après l'article 24, pour toute la période comprise entre l'arrêt de la première Cour
et l'arrêt définitif ; mais quoique le premier arrêt
ait été défavorable l'imputation sera obligatoire
pour la période qui l'a précédé, car on ne peut re-
procher au condamné d'avoir fait appel mal à propos, puisqu'il a fini par obtenir une réduction de
peine. Aussi quand le condamné, qui a exercé plusieurs voies de recours, a échoué au début, mais
réussi à la fin, l'imputation est obligatoire pour

____

(1) Laborde, *op. cit.*, n° 365, p. 241.

toute la période comprise entre le jugement et l'arrêt définitif.

217. Une dernière question qui se pose dans le même ordre d'idées est celle-ci : le condamné a fait appel, puis s'est désisté. Que faut-il décider à son égard ? Il a exercé un recours, mais sa peine n'a pas été diminuée ; son désistement ne doit pas le faire considérer comme un condamné qui n'a pas exercé de recours. Aussi sommes-nous d'avis que l'article 24, § 2, n'est pas applicable, et que l'imputation n'est pas obligatoire. La décision attaquée sera confirmée ; si elle accordait le bénéfice de l'imputation, celle-ci aura lieu pour toute la détention subie, sinon elle n'aura pas lieu du tout.

218. Nous avons vu, dans le cours de ce chapitre, comment on en était arrivé, après avoir totalement banni l'imputation du code de 1810, à l'admettre timidement dans la loi de 1832, et à l'organiser enfin d'une manière libérale en 1892. Il nous reste à voir comment se fait cette imputation. Se fait-elle aussitôt la peine prononcée, ou bien quand la peine est devenue irrévocable ? L'intérêt de cette distinction est celui-ci (ou du moins l'était avant la loi du 13 juillet 1909) : quand la durée de la peine prononcée est atteinte pendant la détention préventive, doit-on mettre le condamné en liberté immédiatement, et l'arrêter ensuite à nouveau si l'appel du ministère public aboutit à une augmentation de peine, ou bien attendre que la condamnation soit devenue définitive ? La Cour de cassation a décidé que l'imputation ne pouvait se faire que quand la

condamnation était devenue irrévocable (1) ; mais
ce système est celui de la loi de 1832 : « Autrefois,
l'imputation se faisait par un report fictif du point
de départ de la peine, au moment où la détention
préventive devenait susceptible d'être imputée ;
aujourd'hui elle se fait en déduisant la détention
préventive de la peine prononcée. » (2) Les conséquences du système contraire seraient étranges :
si le condamné avait été mis en liberté provisoire,
« il faudrait l'arrêter à nouveau, le conduire en
prison, l'écrouer même, pour le relâcher aussitôt
après, si la détention préventive qu'il a subie ab-
sorbait la peine prononcée ; parce qu'alors, mais
alors seulement, l'imputation pourrait produire
son effet. » (3)

219. Remarquons en terminant que cette distinction n'a plus d'intérêt qu'au point de vue théorique
depuis que la loi du 13 juillet 1909, modifiant l'article 206 du Code d'instruction criminelle, a décidé
qu'il fallait mettre immédiatement en liberté l'individu condamné à une peine d'emprisonnement
déjà absorbée par la détention préventive.

(1) Cass., 30 juin 1895, D. P., 95-1-325.
(2 et 3) Laborde, *op. cit.*, n° 368, p. 242.

CHAPITRE V

PROJETS DE RÉFORME
LA LOI DU 8 DÉCEMBRE 1897
EXAMEN CRITIQUE DU PROJET DE LOI DE 1909

« La détention préventive est un mal nécessaire. C'est une de ces douloureuses nécessités sociales devant lesquelles on est forcé de s'incliner. Un des plus ardents défenseurs de la liberté individuelle, Blackstone, a dit : « Une exemption absolue de l'emprisonnement, dans tous les cas, est une chose incompatible avec toute idée de droit et de société politique. Si cette exemption était admise, il serait impossible de protéger ce droit, et la société et toute liberté civile seraient insensiblement détruites. » Mais chercher à réparer les maux que la détention préventive entraîne avec elle, concilier l'inrêt public avec celui des particuliers, assurer à la liberté individuelle les garanties qui lui sont dues, sans compromettre la sécurité de la société, c'est l'œuvre la plus noble et la plus glorieuse qu'un législateur puisse entreprendre. Le triomphe de l'humanité et de la justice est le sien. » (1) C'est la

____

(1) Flamand, *op. cit.*, p. 265.

conclusion de M. Flamand ; et nous devons reconnaître que le législateur ne s'est pas fait faute de proposer des modifications pour accorder à la liberté individuelle le plus de garanties possible. Ce sont ces projets que nous nous proposons maintenant d'étudier, passant assez rapidement en revue ceux qui ont échoué ou que nous avons déjà rencontrés sous forme de lois (8 décembre 1897 — 13 juillet 1909), pour arriver à examiner sérieusement le projet de 1909 qui réalise un progrès considérable sur le système actuel, et qui sera très probablement voté à la prochaine législature.

§ I. — Modifications de 1879 a 1897.

220. Le système établi par la loi de 1865 constituait un progrès considérable sur les lois de l'ancien régime ainsi que sur les textes de l'époque révolutionnaire, textes votés trop vite sous une impulsion parfois irréfléchie. Les règles de la détention préventive étaient désormais fixes, l'arbitraire des magistrats semblait réduit au minimum, la liberté individuelle paraissait à l'abri de toute atteinte. Pourtant on s'est aperçu que cette réglementation elle-même n'était pas parfaite et demandait encore à être modifiée.

221. Le 27 novembre 1879, M. Le Royer, alors garde des sceaux, déposa sur le bureau du Sénat un projet de loi tendant à réformer le Code d'instruction criminelle. Ce projet fut renvoyé à une commission, et la première délibération commença

— 169 —

seulement le 7 mai 1882. M. Grandperret discuta
le projet dans un discours considérable ; M. Dauphin, rapporteur, répondit aux objections présen-
tées par M. Grandperret (1). La discussion fut
vive et se continua pendant 14 séances (8, 9,
13, 15, 16, 20, 22, 25, 27 mai ; 1, 6, 10, 13 juin). La
deuxième délibération commença le 24 juillet, et le
5 août, après quatre séances seulement, le projet
fut adopté par le Sénat.

222. Nous ne nous étendrons pas sur l'économie
de ce projet qui voulait modifier une grande partie
du Code d'instruction criminelle, et dont l'examen
sortirait par conséquent du cadre de notre étude ;
de plus, ce texte n'acquerra jamais force de loi ; le
projet voté par le Sénat en août 1882 était tout
différent de celui qui avait été déposé par la commission ; l'esprit en était changé : l'égalité n'était
pas établie entre l'accusation et la défense, le droit
de poursuite du ministère public était fortement
exagéré, et M. Guillot a pu écrire : « Nous espé-
rons que la Chambre ne suivra pas le Sénat dans
un vote contraire à de grandes idées. » (2)

223. La Chambre commença la première délibération de ce projet dans sa séance du jeudi 30
octobre 1884. M. René Goblet était rapporteur : ce
fut M. Gomot qui ouvrit la discussion : il expliqua
que des modifications avaient paru s'imposer à la

____

(1) *Journal officiel*, 7 mai 1882, Sénat, débats, p. 407.
(2) Guillot, Principes du nouveau code d'instruction
criminelle, p. 256.

commission et dit entre autres choses : « A la vérité, Messieurs, nous avons été divisés sur quelques questions ; elles sont l'objet d'amendements que j'ai déposés d'accord avec mes collègues. La Chambre doit donc se prononcer maintenant sur trois systèmes : d'abord, le maintien de la législation actuelle ; en second lieu, l'adoption du projet du Sénat, et, en troisième lieu, l'adoption du projet présenté par la commission. » (1)

224. La discussion dura trois séances (4, 6 et 8 novembre) au bout desquelles la chambre décida de passer à une deuxième délibération sur le projet de loi qui lui avait été présenté par sa commission. Ce projet différait très peu de celui qui avait été présenté au Sénat en 1879 ; mais il s'écartait de celui que le Sénat avait voté en 1882 ; il était beaucoup plus libéral. La deuxième délibération n'eut pas lieu, par suite de la fin de la législature, et la question retomba dans l'oubli jusqu'au 28 janvier 1886. A ce moment, une commission fut nommée pour examiner à nouveau le projet qui avait été voté par le Sénat ; elle se composait de MM. Guyot-Dessaigne, président ; Crémieux, secrétaire ; Bovier-Lapierre, rapporteur ; Caradec, Chantegrel, Thévenet, Bouvattier, Emile Jamais, Jullien, Gomot, Leporché.

225. Le 20 janvier 1887, M. Bovier-Lapierre déposa son rapport à la Chambre. Dans un exposé gé-

____

(1) *Journal officiel*, 31 octobre 1884. Chambre, débats, p. 2487.

néral, il analysait d'abord le projet présenté par
le gouvernement en 1879, les critiques faites par
le Sénat, l'appréciation de la Chambre et les modifications que la commission croyait devoir apporter
au texte ; puis il examinait la matière en détail,
discutant l'un après l'autre les points dont la modification était demandée. A la suite de ce rapport,
on mettait sous les yeux de la Chambre un paral-
lèle en deux colonnes entre le texte voté par le Sénat et celui de la commission (1). Après quoi l'on
donnait le texte adopté en première délibération
par la Chambre, le 8 novembre 1884. Mais ce projet n'eut pas un meilleur sort que les précédents.
Enfin, le même rapport fut déposé une fois de plus
sur le bureau de la Chambre le 15 janvier 1891,
mais la fin de la législature empêcha encore la discussion d'avoir lieu.

226. M. Constans, et avec lui une soixantaine
d'autres sénateurs, se rendirent compte alors qu'un
projet aussi vaste n'avait que très peu de chances
d'aboutir ; d'un autre côté, certaines réformes
étaient urgentes. Aussi, le 10 avril 1895, M. Constans déposa sur le bureau du Sénat une proposition de loi destinée à réaliser les modifications les
plus urgentes (2).

227. La première délibération sur cette proposition de loi eut lieu le 12 décembre 1895. M. Thé-

______

(1) *Journal officiel*, 20 janvier 1887. Chambre, annexes,
p. 114 et s.

(2) *Journal officiel*, 10 avril 1895. Sénat, annexes, p. 309.

zard, rapporteur, exposa la proposition, mais exprima l'avis que l'on devrait repousser l'article 5 ainsi conçu : « Le juge d'instruction ne peut interroger l'inculpé, ni le confronter, qu'en présence de son conseil, ou celui-ci dûment appelé. » M. Constans prétendit que c'était là le point essentiel de sa proposition ; il en fit la matière d'un amendement, et celui-ci fut renvoyé à la commission par 175 voix contre 82.

228. Le 18 mai 1897, cette première délibération fut reprise ; c'était M. Dupuy qui avait été nommé rapporteur, et M. Couturier, directeur des affaires criminelles au ministère de la justice, assistait à la discussion en qualité de commissaire du gouvernement. M. Dupuy donna lecture de son rapport, dans lequel il racontait certains événements qui montraient bien la nécessité d'une réforme immédiate : « Memain est arrêté à Châtellerault le 16 juin. Il est conduit à pied, menottes aux mains, entre deux gendarmes, à la Rochelle. Là, il est jeté en prison et reste six jours sans être interrogé. Le septième jour, il est conduit à Rochefort, toujours à pied, avec les menottes.

» Après avoir couché à Rochefort, on lui fait prendre le train jusqu'à Saintes. A Saintes, il est confronté avec la bonne de M. Merle — cette bonne avait porté l'accusation à la suite de laquelle s'était ouverte l'instruction. Elle déclare que ce n'est pas là le voleur, et qu'elle n'a jamais vu la personne qu'on lui présente.

» Devant cette déclaration, le procureur de la

République de Saintes met aussitôt Memain en liberté ; il déclare qu'il regrette l'erreur commise et lui remet 2 fr. 50. » (1)

229. M. Dupuy citait encore quelques exemples (affaires Alphonse Paul ; veuve Allison ; Desfaux ; Pierre Ribes ; Pierre Kerscaven ; Martourey ; Pélissier). Dans cette dernière affaire, c'était Mᵉ Robert qui défendait Pélissier, mais il n'avait pu, d'après la loi, assister à l'instruction. Au bout de 6 mois de détention préventive, à l'audience, le ministère public abandonna l'accusation. Aussi Mᵉ Robert ne fit que tirer la moralité du débat : « Une réforme s'impose ; il faut que cette affaire sonne le glas de l'épouvantable instruction secrète. Jamais ses abus n'ont été aussi manifestes. Si Pélissier avait eu un défenseur à côté de lui, jamais le juge d'instruction n'aurait pu le tenir à Mazas pendant six mois. » (2)

230. La discussion continua sans relâche jusqu'au 28 mai. Le Sénat décida alors de passer à une deuxième délibération. C'est le 10 juin que celle-ci eut lieu ; la proposition fut adoptée par 226 voix contre 4.

231. Le texte fut soumis à la Chambre le 12 novembre ; c'était encore M. Bovier-Lapierre qui était rapporteur. En une seule séance, la Chambre a discuté et adopté la proposition.

---

(1) *Journal officiel*, 18 mai 1897. Sénat, débats, p. 812.
(2) *Journal officiel, eod. loc.*, p. 813.

232. Le 8 décembre 1897, la loi fut promulguée. C'est la loi Constans — car elle a gardé le nom de son promoteur — dont nous avons eu l'occasion d'étudier les dispositions dans le courant de notre étude. Disons simplement ici que cette loi abroge définitivement le secret de l'instruction : l'inculpé a le droit, dès sa première comparution, de choisir un conseil ou de s'en faire désigner un d'office ; ce conseil peut prendre connaissance de la procédure vingt-quatre heures au moins avant chaque interrogatoire, et assister à ces interrogatoires dans le cabinet du juge d'instruction. Jamais l'interdiction de communiquer ne lui est applicable. La défense de l'inculpé est ainsi largement assurée. Quant à l'interdiction de communiquer (en général), elle peut encore être ordonnée par le juge d'instruction pour une période de dix jours et peut être renouvelée, mais pour une autre période de dix jours seulement. Enfin, la loi du 8 décembre 1897 règle un point spécial, en décidant que : « Lorsque la Cour d'assises, saisie d'une affaire criminelle, en prononce le renvoi à une autre session, il lui appartient de statuer sur la mise en liberté provisoire de l'accusé. » (art. 11).

§ II. — Projets de réformes de 1907 à 1909

233. La loi de 1897 a réalisé un progrès indiscutable, et pendant une dizaine d'années le législateur, croyant peut-être la question définitivement

résolue, s'est reposé des longs travaux qui avaient duré dix-huit ans. Pourtant le résultat atteint par ces réformes successives n'était pas encore satisfaisant. Aussi le 18 janvier 1907, MM. Clémenceau, ministre de l'Intérieur, et Guyot-Dessaigne, garde des sceaux, présentèrent-ils un projet de loi tendant à modifier encore la situation.

234. Nous voyons, dans l'exposé des motifs, que ce projet a pour but de réduire au strict nécessaire la détention préventive : « Les statistiques ne démontrent-elles pas en fait, que la mise en liberté provisoire est l'exception bien rare ? En 1898, 76.278 arrestations ont été maintenues jusqu'au jugement, et 1.540 mises en liberté provisoire seulement ont été accordées. Malgré toutes les recommandations administratives, en 1902, sur 63.888 prévenus traduits devant les tribunaux correctionnels, arrêtés avant jugement, 1.751 seulement avaient été admis au bénéfice de la liberté provisoire. En 1904, sur 59.342 inculpés détenus, 2.754 avaient obtenu leur mise en liberté, soit une proportion de 4.6 p. 100. » (1) Le projet de loi cherche, tout en maintenant la détention préventive, à la concilier avec le droit à l'intégrité de la personne humaine. Pour cela, il faut restreindre le droit du juge en le soumettant à un contrôle sérieux, limiter les cas où la détention préventive peut être autorisée, et la réduire, quand elle est inévitable, au temps le plus court possible.

------

(1) *Journal officiel* 1907. Annexes du Sénat, n° 10, p. 2.

235. L'article 113 est remanié dans ce sens : si la peine encourue n'excède pas trois mois, la détention préventive sera totalement impossible ; au delà de cette peine, et quelque grave que soit l'accusation, la mise en liberté sera de droit cinq jours après le premier interrogatoire devant le juge d'instruction, si l'inculpé a en France un domicile fixe, s'il n'a encouru aucune condamnation à plus de trois mois de prison pour délit de droit commun, et s'il ne se présente aucune circonstance particulièrement grave, déterminée par la loi, et qui devra être visée par le juge d'instruction dans une ordonnance motivée. Par cette ordonnance, la détention préventive peut être prolongée de 10 jours seulement. Au-dessus de ce laps de temps, la Chambre du conseil (réorganisée par le même projet), aura la haute main sur la détention préventive. Le droit à la liberté provisoire est ainsi considérablement étendu. Dans tous les autres cas, cette liberté peut être demandée au juge d'instruction, avec recours à la Chambre du conseil en cas de rejet. Un cautionnement pourra alors être exigé, mais il pourra être fourni en titres et valeurs aussi bien qu'en espèces. Le recours à la Chambre du conseil sera jugé dans les 48 heures de la signification de l'ordonnance qui a lieu elle-même dans les 24 heures.

236. L'article 114 prévoit que si les circonstances changent, le juge d'instruction peut révoquer la liberté provisoire en décernant un nouveau mandat. Du reste la Chambre du conseil peut toujours

être saisie d'un recours contre toute ordonnance
du juge d'instruction ayant trait à la liberté provisoire, et le juge d'instruction ne pourra prendre
part à l'audience de la Chambre du conseil où il
sera statué sur la détention préventive de l'inculpé. Le projet de loi règle le droit de perquisition
du juge : le prévenu arrêté a le droit d'être présent à la perquisition, ou de se faire représenter ;
le projet ajoute que si l'inculpé libre est absent et
n'a nommé aucun mandataire pour assister à la
perquisition, celle-ci se fait en présence de deux
membres de sa famille ou de deux témoins dési-
gnés par le juge d'instruction.

237. Enfin le projet assure l'exécution de ses
prescriptions : « La sanction pénale résulterait
suffisamment, à notre avis, d'une simple addition à
l'article 112 du Code d'instruction criminelle. Ce
texte punit d'une amende de cinquante francs au
moins contre le greffier, et, s'il y a lieu, d'injonc-
tion au juge d'instruction et au procureur de la
République, même de prise à partie, s'il y échet, les
inobservations aux formalités requises pour les
mandats. On pourrait appliquer les mêmes pénali-
tés à toute violation des mesures prescrites pour
la garantie de la liberté individuelle et des perquisitions. » (1)

238. Un projet de loi fut alors déposé dans ce

---

(1) *Journal officiel*, 18 janvier 1907. Annexes au Sénat,
p. 3.

12

sens, et M. Monis fut chargé de faire un rapport.
Ce rapport fut terminé le 6 avril 1908, et le 9 février 1909 eut lieu, au Sénat, la première délibération sur le projet ainsi que sur diverses proposi-
tions qui avaient été faites dans le même sens (1).
M. Théodore Tissier assistait à la délibération en
qualité de commissaire du gouvernement.

239. M. Monis dit dans son rapport que tous les
textes qui avaient été renvoyés à la commission ont
été réunis en un seul qu'il expose : ce projet con-
tient tout d'abord l'abrogation de l'article 10 I. C.
qui donne au préfet le droit d'arrestation. Ce pouvoir est exagéré, car s'il ne laisse aucune crainte,
étant dans les mains des magistrats, ceux-ci sont
hiérarchisés, tandis que le préfet est absolument
irresponsable. En second lieu, le projet de loi réglemente la liberté provisoire de deux façons : 1°
quand le texte sur lequel est fondée la poursuite
porte une peine d'emprisonnement qui n'est pas supérieure à trois mois, la liberté provisoire sera
accordée de plein droit ; 2° dans les autres cas, la
liberté provisoire sera de droit, sauf certaines exceptions énumérées dans le texte. La chambre du

____

(1) 1° Proposition Monis tendant à modifier l'intitulé du
chap. 8 du liv. 1er et les art. 113, 114, 115, 116, 117, 118,
119, 120, 121, 122, 123, 124, 125, 126, 135, 136, 296 et 421
du Code d'instruction criminelle ; 2° proposition Clémenceau sur les garanties de la liberté individuelle ; 3° proposition Girard, tendant à modifier l'intitulé du § 4 de la sec-
tion II du chap. 6, livre 1er, et les art. 87, 88, 89 et 90 du
Code d'instruction criminelle.

conseil est réorganisée, pour supprimer tout arbitraire de la part du juge d'instruction.

S'inspirant de la proposition Girard, le projet de loi proclame l'inviolabilité du domicile et supprime les perquisitions abusives faites avant toute inculpation.

Enfin, au cas où des infractions seraient commises contre la nouvelle loi, la prise à partie est admise comme sanction ; mais, pour obtenir le droit de prise à partie, il faudra le demander par requête adressée au premier président de la Cour ; sur le refus de celui-ci, le plaignant aura un recours qu'il portera devant la Cour de cassation ; il pourra y comparaître et s'expliquer : il y aura un débat contradictoire, c'est la meilleure garantie qu'on puisse lui accorder.

240. M. Ribot, dans un discours très documenté (1), présenta quelques modifications : il demanda de hâter l'abrogation de l'article 10, puisque l'accord était complet sur ce point, au moyen d'une proposition de loi spéciale qui pourrait être transmise de suite à la chambre, et votée en quelques jours.

S'appuyant sur les statistiques, il dit que les mises en liberté provisoire sont trop peu nombreuses ; une moins grande centralisation introduirait dans la procédure pénale beaucoup plus de rapidité. Le projet soumet l'ordonnance du juge d'instruction à un recours devant la chambre du conseil

______

(1) *Journal officiel*, 9 février 1909. Sénat, débats, p. 89.

qui est réorganisée ; M. Ribot craint que ce nouveau rouage ne complique encore le mécanisme et ne ralentisse un peu plus la marche de la justice. Enfin, un recours est encore ouvert, devant la chambre des mises en accusation, contre les décisions de la chambre du conseil ; il faut que ce recours comporte un débat contradictoire, sans cela il se réduira vite à une simple formalité.

Quant aux perquisitions, M. Ribot combat sur ce point le projet de loi : des perquisitions sont utiles quand on a des soupçons ; devant une mort suspecte, on procède à l'autopsie, ici c'est pareil ; mais il faut que l'inculpé ou le tiers chez qui l'on perquisitionne, sans être prévenu trop tôt, ce qui lui permettrait de faire disparaître les objets compromettants, assiste à la perquisition et aussi au dépouillement des objets saisis, dans le cabinet du juge d'instruction.

Enfin, M. Ribot envisage la question de la responsabilité des magistrats et propose de l'admettre largement.

241. Le projet, voté article par article, fut ainsi adopté en entier, et le Sénat décida de passer à une deuxième délibération. Celle-ci eut lieu le 2 mars 1909 ; M. Ribot renonça à son amendement tendant à disjoindre l'article 1 (suppression le l'article 10 I. C.) et le projet fut définitivement voté (1).

____

(1) *Journal officiel*, 2 mars 1909. Sénat, débats, p. 159 et s. *eod. loc.* voy. le texte du projet de loi.

Ce projet fut immédiatement transmis à la Chambre des députés. M. Briand avait dit au Sénat, le 2 mars, qu'il se faisait fort d'obtenir, à très bref délai, de la Chambre, le vote de la loi. Effectivement, M. Raoul Péret fut nommé rapporteur ; il fit diligence, et déposa son rapport le 9 juillet 1909. Ce jour-là, M. Brisson, président de la Chambre, annonça à la tribune : « J'ai reçu de M. Raoul Péret un rapport, fait au nom de la commission de la réforme judiciaire, sur le projet de loi, adopté par le Sénat, relatif aux garanties de la liberté individuelle. Ce rapport sera imprimé pour être distribué. » (1) Depuis lors, il n'a plus été question ni du projet, ni du rapport ; l'affaire a été enterrée dans quelque cartonnier, et nous ne pouvons prévoir le moment où elle reverra le jour. Quoi qu'il en soit, il est probable que ce projet finira par être voté ; examinons-le en détail, voyons quelles améliorations il apporte au système actuel, et quelles modifications pourraient encore être utilement faites. Nous ne pouvons mieux faire pour cela que de nous en rapporter à l'étude approfondie publiée par M. Laborde (2) et de présenter un résumé de ses observations.

§ III. EXAMEN DU PROJET DE LOI DÉPOSÉ A LA CHAMBRE

242. LA DÉTENTION PRÉVENTIVE PENDANT L'INSTRUCTION PRÉPARATOIRE. — L'article 113 § 1 du

---

(1) *Journal officiel*, 9 juillet 1909: Annexes de la Chambre.
(2) Lois nouvelles, 1909, 2ᵉ partie, p. 165.

projet de loi est ainsi conçu : « *Aucun inculpé,
après son premier interrogatoire devant le juge
d'instruction, ne pourra être maintenu en détention, s'il a un domicile certain, et si la peine encourue n'excède pas deux ans d'emprisonnement.
La disposition qui précède ne s'appliquera ni aux
inculpés, déjà condamnés pour crime, ni à ceux
qui ont été condamnés à plus de six mois sans sursis.* » Il y a d'abord une retouche à faire à la rédaction matérielle de l'article : les mots « *ne peut
être maintenu* » supposent que l'inculpé est sous le
coup d'un mandat d'arrêt; il serait préférable de
dire « *mis ou maintenu* ». Quant à l'expression
« *pour crime* » elle serait avantageusement remplacée par celle-ci : « *à une peine afflictive ou infamante.* » Cette disposition constitue une amélioration sensible : tandis qu'aujourd'hui, la détention
préventive est interdite si le délit ne comporte pas
peine d'emprisonnement, et réduite à un maximum
de cinq jours si la peine encourue est inférieure à
deux ans de prison, le projet n'admet pas la détention préventive quand la peine encourue n'excède pas deux ans de prison. Pourtant, c'est encore
insuffisant : la présomption d'innocence établie en
faveur de tout inculpé devrait suffire pour faire
écarter la détention préventive, quelle que soit la
gravité de la peine encourue, sauf les exceptions
envisagées dans un autre sens par le projet de
loi. Il serait bon aussi de spécifier que les crimes
et délits de droit commun sont seuls visés ; de plus,
il vaudrait mieux exiger seulement, pour refuser

l'élargissement de l'inculpé, des condamnations à plus de trois mois (et non six), car si cette durée de trois mois est dépassée, on est en présence d'une peine grave qui entre en ligne de compte pour la rélégation, même si les six mois ne sont pas atteints.

243. L'article 113, § 2, envisage le cas où la détention préventive est possible, et décide que : « *En toute matière criminelle ou correctionnelle, la liberté provisoire est de droit cinq jours après le même interrogatoire.* » Pourquoi maintenir ce délai de cinq jours permettant au juge d'instruction de garder un inculpé sous les verrous sans raison valable, jusqu'au moment où une ordonnance motivée sera nécessaire ? Il se peut que l'inculpé consente dès le premier jour à subir plus qu'un interrogatoire d'identité. Dans ces conditions, il est inutile de le maintenir cinq jours en état de détention préventive. Du reste, il serait bon, si l'on retenait cet article, d'ajouter quelque chose : l'inculpé, placé sous mandat d'amener, doit être interrogé dans les vingt-quatre heures de son entrée dans la maison d'arrêt, tandis qu'aucun délai n'est fixé quand il s'agit d'un inculpé placé sous mandat d'arrêt ; le projet de loi, reproduisant une lacune de la loi Constans, n'envisage que le premier cas. Pour être complet, il faudrait dire : « Aucun inculpé, après son premier interrogatoire devant le juge d'instruction, *et, dans tous les cas, vingt-quatre heures après son entrée dans la maison d'arrêt...* » Enfin, remarquons qu'il s'agit bien

ici d'une mise en liberté provisoire et non d'un mode d'extinction de la détention préventive, comme dans l'article 113, § 2 actuel, puisque, dans des conditions déterminées la détention peut être prolongée.

244. L'article 113, § 3 du projet, indique les conditions de cette prolongation : « *Toutefois, la détention préventive pourra être maintenue par ordonnance motivée du juge pour les nécessités de l'ordre public et de la sécurité publique :*

» *1° Si l'inculpé n'a pas en France un domicile effectif ou une résidence fixe ;*

» *2° S'il a été précédemment condamné à plus de trois mois d'emprisonnement pour délit de droit commun ;*

» *3° S'il y a lieu de craindre que l'inculpé essaie de se soustraire à la justice ;*

» *4° S'il est dangereux pour la sécurité publique ;*

» *5° Si sa présence en liberté est de nature à nuire à la manifestation de la vérité.* »

Ces exceptions, limitativement énumérées par le projet, doivent recevoir une interprétation restrictive. C'est donc seulement pour un de ces motifs, bien spécifié dans l'ordonnance, que le juge d'instruction pourra maintenir l'inculpé en détention préventive au-delà de cinq jours. La liberté provisoire sera ainsi plus largement accordée, et quand elle ne le sera pas, l'inculpé saura pourquoi, et pourra discuter sur les motifs que l'on invoque contre lui.

245. L'article 114 décide que la prolongation ainsi infligée par le juge d'instruction ne pourra durer plus de dix jours ; après ce délai, si d'autres prolongations sont nécessaires, il faudra les demander à la chambre du Conseil. Si une nouvelle prolongation n'est pas demandée, la détention préventive est éteinte et l'inculpé ne peut plus être arrêté qu'en vertu du jugement de condamnation, pour subir sa peine. Dans le cas contraire, l'article 114 décide comment il faudra s'y prendre :

« § 2. — Si les nécessités de l'information exigent une prolongation de cette durée, le juge d'instruction fera son rapport à la chambre du conseil, qui, sur les conclusions du procureur de la République, l'inculpé et son conseil entendus ou dûment appelés par lettre recommandée, ordonnera, s'il y a lieu, que la détention soit maintenue pour une période de un mois au plus.

» § 3. — Ce délai peut être renouvelé plusieurs fois dans les mêmes formes jusqu'à la clôture de l'instruction.

» § 4. — Le procureur de la République et l'inculpé peuvent interjeter appel de la décision de la chambre du conseil.

» § 5. — La procédure est celle de l'article 135 de ce code. »

Ainsi, ce sera le procureur de la République qui demandera la prolongation sur rapport du juge d'instruction ; il pourra même, quoiqu'aucun texte ne soit précis sur ce point, demander une prolongation que le juge d'instruction croirait inutile : il peut, en effet, appeler devant la chambre du conseil d'une ordonnance qui rejette sa demande de maintien en détention préventive ou qui accorde la liberté provisoire.

246. La détention préventive depuis la clôture de l'instruction préparatoire jusqu'au jugement définitif. — Cette partie est réglée par les articles 118, § 1, et 126. L'article 118, § 1, visant le renvoi en police correctionnelle, est ainsi conçu : « *La prolongation de la détention préventive jusqu'au jour du jugement définitif résultera de plein droit de l'ordonnance ou de l'arrêt de renvoi, s'il n'en a été autrement disposé.* » Cet article ne modifie pas le système actuel.

247. Quant à l'article 126, il améliore la situation de l'accusé renvoyé devant la Cour d'assises : « *L'inculpé renvoyé devant la Cour d'assises sera mis en état d'arrestation en vertu de l'ordonnance de prise de corps. — Toutefois, s'il a été mis en liberté provisoire, il sera seulement tenu de se constituer la veille de l'audience.* » Avec le système actuel, l'accusé en liberté provisoire doit être emprisonné cinq jours avant l'audience, sauf entente entre les magistrats et l'accusé, entente en vertu de laquelle la situation établie par l'article 126 nouveau existe en fait dans quelques parquets. Cet article 126, généralisant cette pratique, améliore ainsi la condition de l'accusé mis en liberté provisoire. Il serait bon d'ajouter que cette

mesure s'applique aussi bien à l'accusé qui n'a jamais été mis en état de détention préventive. Pour que l'article 126 puisse s'appliquer, il faut que l'accusé renonce à se pourvoir en cassation contre l'arrêt de renvoi. Aussi, pour qu'il n'y ait pas de discussion possible, M. Laborde propose-t-il la rédaction suivante : « L'accusé mis *ou laissé* en liberté et renvoyé devant la Cour d'assises, sera constitué en détention préventive en vertu de l'ordonnance de prise de corps dont l'exécution aura lieu, s'il le demande, la veille seulement du jour de l'audience. *Cette demande comportera renonciation au droit, pour l'accusé, de se pourvoir en cassation contre l'arrêt de renvoi avant l'arrêt définitif de la Cour d'assises, tous moyens de nullité lui demeurant réservés.* »

248. La liberté provisoire pendant l'instruction préparatoire. — L'article 115 du projet est ainsi libellé :

« *§ 1. — La mise en liberté provisoire, lorsqu'elle n'est pas de droit, peut être autorisée, même d'office, en toute matière et en tout état de cause par le juge d'instruction, sur les conclusions du ministère public, à charge par l'inculpé d'élire domicile au siège du Tribunal ou de la Cour et de prendre l'engagement de se représenter à tous les actes de la procédure, ainsi que pour l'exécution de la sentence, aussitôt qu'il en sera requis.*

» § 2. — La mise en liberté provisoire pourra toujours, dans ce cas, ainsi que dans le cas prévu

par l'article 114 ci-dessus; être subordonné à l'obli-
gation de fournir un cautionnement.

» § 3. — L'ordonnance ou le jugement qui pro-
noncera la mise en liberté provisoire sera exécuté
par provision ou nonobstant appel. »

Cet article réunit la mise en liberté provisoire
et la mainlevée d'office du mandat de dépôt ; il
efface les différences actuelles entre ces deux situations : le juge d'instruction devra prendre les conclusions du ministère public, mais pourra accorder
la liberté provisoire, même contrairement à ces
conclusions ; toutes les ordonnances qu'il rendra
en la matière seront susceptibles d'appel. Mais si
l'ordonnance est favorable à l'inculpé, elle sera
exécutée provisoirement.

249. Le ministère public a donc le droit de faire
appel de l'ordonnance du juge d'instruction accordant la liberté provisoire ; mais on enlève ce droit
à la partie civile, et c'est parfaitement juste : la
partie civile n'a que le droit de demander des dommages-intérêts et non une répression pénale. Aussi pourrait-on faire disparaître l'article 118 actuel,
que le projet a transcrit sous le numéro 125 : « *La*
demande de mise en liberté provisoire sera noti-
fiée à la partie civile, à son domicile ou à celui
qu'elle aura élu. Elle pourra, dans le délai de
vingt-quatre heures, à partir du jour de la notifi-
cation, présenter des observations écrites. » Cet
article n'a plus aucune raison d'être puisqu'on enlève à la partie civile le droit de faire appel de
l'ordonnance du juge d'instruction. Pour éviter

toute équivoque, il serait également bon d'abroger expressément l'article 94, qui exige les conclusions conformes du procureur de la République pour la mainlevée d'office du mandat de dépôt.

250. Enfin, il faut signaler dans l'article 115 une petite lacune : l'article 116 actuel dit que la liberté provisoire peut être demandée et accordée en tout état de cause ; l'article 115 nouveau est muet sur ce point, et même permet une interprétation contraire à l'esprit du législateur : on peut arriver à prétendre, d'après ce texte, que la mise en liberté provisoire n'est possible que pendant l'instruction préparatoire, et même ne peut être accordée que par le juge d'instruction. Il faut ajouter à cet article 115 que la liberté provisoire peut être demandée et accordée en tout état de cause. Quant à la Chambre du conseil et à la Chambre des mises en accusation, le projet de loi ne leur reconnaît pas expressément le droit d'accorder directement la mise en liberté provisoire : il décide qu'elles sont instituées pour se prononcer sur la détention préventive ; mais il est certain que le pouvoir que l'on a entendu leur attribuer est plus complet que cela ; pourtant il faudrait le dire. Remarquons toutefois que ce serait inutile s'il était spécifié dans l'article 115 que la liberté provisoire peut être demandée et accordée en tout état de cause.

251. La liberté provisoire après la clôture de l'instruction préparatoire. — L'article 118 du

projet prévoit tous les cas qui peuvent se présenter, et donne pour chacun une solution acceptable :

« Article 118, § 2. — *Postérieurement à cette
ordonnance ou à cet arrêt, il appartiendra à la juridiction saisie, et, dans l'intervalle des sessions
d'assises, à la chambre d'accusation, de statuer sur
la mise en liberté provisoire.*

» § 3. — *En cas de pourvoi en cassation et jusqu'à l'arrêt de la cour, la demande de mise en
liberté provisoire sera jugée par la juridiction qui
a connu en dernier lieu de l'affaire au fond, et,
dans l'intervalle des sessions d'assises, par la
chambre d'accusation.*

» § 4. — *En cas de déclaration d'incompétence,
la juridiction dont elle émane restera compétente
pour connaître de la demande de mise en liberté
jusqu'à ce que la juridiction nouvelle ait été saisie.*

» § 5. — *Il sera, dans tous les cas prévus aux
paragraphes précédents, statué sur simple requête,
le ministère public entendu ainsi que l'inculpé ou
son conseil.* »

Si nous ajoutons à cela que l'article 5 du projet
abroge l'article 421 (qui exige la mise en état des
condamnés à l'emprisonnement qui veulent se
pourvoir en cassation), nous nous trouvons en présence d'une réforme vraiment libérale que nous
devons approuver.

252. GARANTIES DE LA LIBERTÉ PROVISOIRE. —
L'article 115 du projet, remplaçant l'article 114 ac-

tuel, décide que l'inculpé mis en liberté provisoire par le juge d'instruction, devra élire domicile au siège du tribunal ou de la cour et prendre l'engagement de se présenter à tous les actes de la procédure, et pour l'exécution de la sentence, s'il y a lieu. De plus, un cautionnement peut être exigé. Le § 5 de cet article 115 dit que l'ordonnance ou le jugement qui prononce la mise en liberté provisoire sera exécutoire, nonobstant appel. La rédaction de cet article est défectueuse, car en disant : « l'inculpé mis en liberté provisoire *par le juge d'instruction...* » et plus loin : « *l'ordonnance ou le jugement* », la disposition est restreinte à la liberté provisoire accordée par le juge d'instruction ou la chambre du conseil. Il vaudrait mieux supprimer ces restrictions. De même, il serait logique, maintenant que la liberté provisoire de droit sera bien une liberté provisoire et non un mode d'extinction de la détention préventive de soumettre dans tous les cas aux mêmes obligations l'inculpé qui l'a obtenue.

253. L'article 120 décide comment sera fourni le cautionnement, mais il donne une énumération trop restrictive des valeurs qui peuvent le composer. Toute valeur sérieuse devrait pouvoir être acceptée ; puisqu'aussi bien le juge est libre de n'exiger aucun cautionnement, il serait raisonnable de lui laisser toute indépendance pour en fixer la composition.

254. Enfin, l'article 119 décide que la liberté provisoire peut être révoquée, « *si l'une des conditions*

prévues à l'article 113, § 3, *vient à se réaliser, ou si des circonstances nouvelles et graves rendent cette mesure nécessaire, ou si l'inculpé, dûment cité ou ajourné, ne comparaît pas.* » Mais si la liberté provisoire a été accordée par la chambre du conseil ou par la chambre des mises en accusation, le juge d'instruction ne pourra faire exécuter un nouveau mandat d'arrestation qu'en faisant un rapport à la chambre du conseil.

255. LA CHAMBRE DU CONSEIL. — Cette juridiction supprimée depuis 1856 est rétablie par l'article 117 du projet :

« § 1. — *La chambre du conseil se compose de trois juges et un greffier. Le juge qui instruit l'affaire ne prend pas part à la délibération ; il se retire après avoir fait son rapport.*

» § 2. — *Dans les tribunaux divisés en plusieurs chambres, les attributions de la chambre du conseil sont dévolues à une ou plusieurs chambres, autres que celles qui statuent correctionnellement.* »

La chambre du conseil doit veiller à l'application des règles édictées pour la détention préventive et la liberté provisoire. Elle juge en premier ressort quand elle ordonne les prolongations de détention demandées par le magistrat instructeur, et dans ce cas un recours est possible devant la chambre des mises en accusation. Elle juge sans appel sur les oppositions aux ordonnances du juge d'instruction, concernant la détention préventive et la liberté provisoire.

256. La chambre du conseil est saisie par le rapport du juge d'instruction ou par l'appel, soit du procureur de la République, soit du prévenu. L'appel est très simple : il résulte d'une simple déclaration faite au bas de l'ordonnance, ou sur un registre tenu au greffe, dans les vingt-quatre heures de la notification à l'inculpé ou à son conseil, ou de la communication qui leur aura été faite par le juge d'instruction. Quoique l'avocat ne soit pas le mandataire de son client, il serait bon de lui permettre de faire lui-même et seul cet appel ; mais il faudrait le spécifier, sans quoi l'on se heurte à la jurisprudence de la cour de cassation (1).

257. Quand la chambre du conseil juge en dernier ressort, sa décision peut être attaquée par le pourvoi en cassation. L'esprit libéral du projet de loi permet d'affirmer que l'effet suspensif du pourvoi est abandonné quand il s'agit d'un jugement de la chambre du conseil accordant l'élargissement de l'inculpé. Mais cela n'est dit expressément nulle part, aussi pourrait-on encore soutenir l'opinion contraire ; pour éviter cela, on devrait insérer un texte général disposant que toute décision favorable à l'inculpé, pourvu qu'elle soit régulièrement rendue par une juridiction compétente, sera exécutoire provisoirement.

258. LA CHAMBRE D'ACCUSATION. — Les appels

______

(1) Cass., 15 mars 1902. S , 02-1-208

des ordonnances du juge d'instruction autres que ceux qui sont portés devant la chambre du conseil, et les appels des jugements en premier ressort rendus par cette chambre sont portés devant la chambre d'accusation. L'article 135 du projet règle longuement tous les détails de cette procédure. Les paragraphes 1 et 8 reconnaissent le droit de recours du procureur de la République et du procureur général ; mais il y a quelques rectifications à faire à leur rédaction, qui laisse encore dans l'obscurité certains points. Le paragraphe 2 règle le droit d'appel du prévenu ; ici, rien n'est changé au système actuel : l'inculpé ne peut appeler que des décisions qui le mettent ou le maintiennent en état de détention préventive ; on devrait aller plus loin et lui permettre d'appeler de la décision qui le renvoie devant le tribunal correctionnel. Quant à la partie civile, elle n'a plus aucun droit relativement à la détention préventive.

259. Les paragraphes 3 et 4 établissent les formes et délais de l'appel devant la chambre d'accusation : l'ordonnance doit être signifiée ou communiquée dans les vingt-quatre heures de sa date, et le délai pour faire appel est de vingt-quatre heures à partir de la signification ou communication. C'est la procédure actuellement suivie ; mais il y a lieu de modifier le libellé de ces dispositions pour y apporter un peu plus de précision.

Les paragraphes 5, 6 et 7 indiquent la procédure à suivre ; le § 7 suscite quelques observations :

« *Le prévenu détenu gardera la prison jusqu'à ce*

qu'il ait été statué sur l'appel, et, dans tous les cas, jusqu'à l'expiration du délai d'appel. » Remarquons l'expression défectueuse : « *garder la prison* » (il faut dire : garder prison) ; mais ce n'est là qu'une question de terminologie. Au fond, il vaudrait mieux supprimer totalement ce § 7, qui est inconciliable avec l'article 115, § 5. Tant que l'on ne déroge pas au principe général, il n'est pas besoin de spécifier que l'appel et le délai d'appel sont suspensifs. Au surplus, il serait préférable de généraliser l'article 115 et de dire qu'ici encore, l'ordonnance du juge d'instruction, et le jugement de la chambre du conseil seront provisoirement exécutoires s'ils sont favorables à l'inculpé ; il est, en effet, bizarre que l'inculpé soit laissé à la disposition du ministère public qui est son adversaire ; on a supprimé ce droit à la partie civile, qui était pourtant pécuniairement responsable, il est illogique de le laisser au ministère public qui est totalement irresponsable.

260. Enfin, pour éviter les inconvénients que pourrait avoir pour l'inculpé la publicité des débats, il serait bon d'ajouter à la loi une disposition ordonnant que l'audience de la chambre d'accusation, dans ce cas, ne sera pas publique. La publicité a été supprimée par la loi de 1885, pour les demandes de réhabilitation, et cette suppression est aussi dans l'esprit du nouveau projet ; mais il manque un texte pour le dire expressément.

———

CONCLUSION

261. Et maintenant que nous sommes arrivé au terme de notre étude, il nous faut en tirer une conclusion, tout d'abord pour nous conformer aux conventions généralement adoptées, et surtout parce qu'il n'est pas de fable, d'anecdote, si futiles soient-elles, d'où ne se dégage une morale. Nous avons raconté une histoire ; nous avons suivi l'évolution d'une institution depuis les temps les plus reculés de l'antiquité jusqu'à nos jours, nous avons vu comment cette institution avait été comprise et organisée aux âges successifs de l'humanité, et nous avons constaté les manifestations d'un progrès incessant.

262. Que devons-nous penser nous-même du résultat obtenu ? Il est évident que depuis le système de la question préparatoire, nous avons avancé beaucoup, et non reculé. Mais l'idéal est encore loin d'être atteint ; le législateur doit être persuadé qu'en cette matière plus qu'en toute autre, il ne doit prendre aucun repos tant qu'il restera quelque chose à faire. Déjà un projet a été voté par le Sénat et le sera bientôt, espérons-le, par la Chambre des députés. Ce projet réalise encore un

progrès des plus importants et crée une situation
supportable, en attendant le moment où de nouvelles dispositions seront élaborées. Dans le nouveau
projet, la détention préventive est bien diminuée
par les modifications apportées à l'article 113 du
Code d'instruction criminelle ; la mise en liberté
provisoire est étendue par l'article 115, et l'article
118 déclare qu'en tout état de cause l'inculpé pourra trouver une juridiction compétente pour statuer
sur sa demande de mise en liberté ; les autres articles ouvrent largement les voies de recours contre les décisions qui ordonnent la détention préventive. Mais ce projet nous paraît pécher par le
§ 3 de l'article 113 : cette disposition permet au
juge de maintenir la détention préventive, par une
ordonnance motivée il est vrai, mais dont les motifs sont si élastiques que l'arbitraire est rétabli
en fait : « *Toutefois, la détention préventive pourra être maintenue... 3° s'il y a lieu de craindre que
l'inculpé essaie de se soustraire à la justice ; 4°
s'il est dangereux pour la sécurité publique ; 5° si
sa présence en liberté est de nature à nuire à la
manifestation de la vérité.* »

263. Il nous semble donc que le projet de 1909
lui-même ne doit être considéré que comme une
mesure transitoire. Et pour que son application
constitue un progrès réellement satisfaisant, il serait bon d'instituer la responsabilité des magistrats et une réparation pour les atteintes portées
injustement à la liberté individuelle. Tout inculpé
est présumé innocent jusqu'à preuve du contraire;

c'est avec un respect superstitieux que l'on devrait
se pénétrer de ce principe. Or, quand on se trouve
en présence d'un inculpé, on est trop porté à le
considérer comme un coupable ; c'est un mouvement essentiellement humain auquel tout le monde
est plus ou moins sujet : la police fournit sur tous
les inculpés des renseignements épouvantables ; le
fait seul d'être arrêté fait jaser les voisins, et tout
cela aidant, l'homme le plus honnête du monde
passe bientôt pour le pire criminel. Et quand on
s'aperçoit de l'innocence d'un détenu, on le met
tout simplement en liberté, sans même lui faire des
excuses... et on lui recommande de ne pas recom-
mencer ! Etablir la responsabilité effective du magistrat instructeur, et accorder une réparation aux
inculpés, reconnus innocents après une durée quel-
conque de détention préventive, telle est, croyons-
nous, la réforme la plus urgente à accomplir.

264. Mais il ne faudra pas s'arrêter là. L'inculpé est présumé innocent, nous ne saurions trop
le répéter, même quand il a déjà subi des condamnations. Le régime pénitentiaire tend de plus en
plus au relèvement des condamnés ; on a reconnu
qu'un condamné pouvait s'amender, il est donc
illogique d'établir en quelque sorte une présomption de culpabilité à l'égard d'un inculpé qui a déjà
subi des condamnations ; l'inculpé est présumé innocent, quel que soit le crime dont il est accusé, et quels que soient ses antécédents. Dans ces
conditions, la détention préventive est une mons-

truosité, une hérésie juridique qu'il faut bannir du Code.

265. « Où le pouvoir social puise-t-il l'idée de punir ?... De nombreux systèmes ont été proposés... il suffit de dégager l'idée dominante qui les caractérise ; or, nous n'en trouvons que deux, savoir : l'idée de justice et l'idée d'utilité. » (1) Nous croyons inutile de nous étendre longuement sur le caractère absolument injuste de la détention préventive ; mais nombreuses sont les voix qui s'élèvent pour proclamer son utilité. Pourtant, cette objection n'est pas sans réponse : que la détention préventive ait été utile à une époque où les moyens d'investigation étaient rudimentaires, où la rapidité des communications n'existait encore qu'à l'état de conception embryonnaire, nous l'admettons volontiers ; qu'elle soit encore utile dans une certaine mesure avec le système actuellement en vigueur, nous ne le contestons pas davantage. Mais, que l'on puisse réduire à néant cette utilité par une meilleure organisation de la justice et de tous ses services auxiliaires (police, etc.), que l'on puisse arriver à une plus grande célérité dans le jugement des affaires, c'est ce que nous prétendons ; nous estimons que les contribuables paient assez cher pour pouvoir exiger d'être bien administrés. Une telle réforme n'a, croyons-nous, rien d'utopique ; le progrès avance toujours, nous avons pu

____

(1) Laborde, *op. cit.*, n° 14, p. 11.

nous en rendre compte en étudiant l'évolution historique de notre institution. Le jour où cette réforme sera un fait accompli, la détention préventive, ayant perdu toute utilité, tombera d'elle-même ; ce jour-là seulement, la conquête de la liberté individuelle sera réalisée.

Montpellier, le 21 avril 1910
Vu, pr le Doyen de la Faculté de Droit,
BRÉMOND

Montpellier, le 21 avril 1910
Vu, le Président de la thèse,
LABORDE

Vu et permis d'imprimer :
Montpellier, le 21 avril 1910
Le Recteur,
Ant. BENOIST.

BIBLIOGRAPHIE

ALENÇON. — Cahiers de la noblesse.

BALUZIUS. — Capitularia regum francorum.

BARBIER. — Journal historique et anecdotique.

BEAUMANOIR. — Coustumes de Beauvoisis.

BOUTEILLER (Jehan). — Somme rurale.

CABANÈS (Dr). — Le Cabinet secret de l'histoire, 4e
série.

— La prétendue folie du marquis de Sade.

— L'accusation d'inceste portée contre Marie-
Antoinette.

CLAUDE LEBRUN DE LA ROCHETTE. — Le procès civil
et criminel.

DALLOZ. — Code d'instruction criminelle annoté.

— Recueil périodique de jurisprudence.

— Répertoire de législation.

— Supplément au répertoire.

DELEBECQUE et HOFFMANN. — Les codes belges.

DUTRUC. — Journal du ministère public.

DUVERGER. — Manuel des juges d'instruction.

ESMEIN. — Histoire de la procédure criminelle.

FLAMAND. — De la procédure criminelle en droit
romain ; de la détention préventive et de

la liberté provisoire en droit français. Th.
Paris, 1877.

Garraud. — Droit pénal français.

— Précis de droit criminel.

Guillot. — Principes du nouveau code d'instruc-
truction criminelle.

Hélie (Faustin). — Traité de l'instruction criminelle.

Laborde. — Cours de droit criminel.

Labruyère. — Les Caractères.

Locré. — Observations (T. XXV).

Montésquieu. — Les lettres persanes.

— L'Esprit des Lois.

Ortolan. — Eléments de droit pénal.

Pardessus. — La loi salique.

Picot. — Histoire des Etats généraux.

Rousseau (J.-J.). — Le Contrat social.

Tacite. — La Germanie.

Vidal. — La loi du 15 novembre 1892.

Voltaire. — L'A. B. C.

— Commentaire sur le traité des délits et des
peines.

— Histoire d'Elisabeth Canning et de Calas.

— Idée de la justice et de l'humanité.

OUVRAGES DIVERS

Bulletin des arrêts de la Cour de cassation, rendus
en matière criminelle.

Journal officiel. — 1° Loi du 15 novembre 1892 sur
l'imputation de la détention préventive sur

la peine principale : 3 juillet 1891 (Sénat-
annexes). Rapport supplémentaire de M.
Morellet. — 29 octobre 1892 (Chambre-annexes), Rapport de M. Graux.
— 2° *Projet de loi sur les garanties de la
liberté individuelle* : 7 mai 1882 (Sénat-débats), Rapport de M. Dauphin. — 31 octobre 1884 (Chambre-débats), Discours de M.
Gomot. — 20 janvier 1887 (Chambre-annexes), Rapport de M. Bovier-Lapierre. —
10 avril 1895 (Sénat-annexes), Proposition
Constans. — 18 mai 1897 (Sénat-débats),
Rapport de M. Dupuy. — 18 janvier 1907
(Sénat-annexes), Dépôt du projet de loi. —
9 février 1909 (Sénat-débats), Première délibération, discours de M. Ribot. — 2 mars
1909 (Sénat-débats), deuxième délibération
et adoption du projet de loi. — 9 juillet
1909 (Chambre-annexes), Dépôt du rapport
de M. Raoul Péret.

Lois nouvelles.
*Règlement intérieur de la maison d'arrêt de Mont-
pellier.*
Revue pénitentiaire.

TABLE DES MATIÈRES

www.ingramcontent.com/pod-product-compliance
Ingram Content Group UK Ltd.
Pitfield, Milton Keynes, MK11 3LW, UK
UKHW022337090726
13658UKWH00001B/326